João Abade

João Felício dos Santos

3ª edição

JOSÉ OLYMPIO
EDITORA
Rio de Janeiro, 2012

© Herdeiros de João Felício dos Santos

Reservam-se os direitos desta edição à
EDITORA JOSÉ OLYMPIO LTDA.
Rua Argentina, 171 – 2º andar – São Cristóvão
20921-380 – Rio de Janeiro, RJ – República Federativa do Brasil
Tel.: (21) 2585-2060

Printed in Brazil / Impresso no Brasil

Atendimento direto ao leitor:
mdireto@record.com.br
Tel.: (21) 2585-2002

ISBN 978-85-03-00854-9

Capa: HYBRIS DESIGN / ISABELLA PERROTTA

Livro revisado segundo o novo Acordo Ortográfico da Língua Portuguesa.

CIP-BRASIL. CATALOGAÇÃO NA FONTE
SINDICATO NACIONAL DOS EDITORES DE LIVROS, RJ

Santos, João Felício dos, 1911-1989
S235j   João Abade / João Felício dos Santos – 3ª edição – Rio de Janeiro:
3ª ed. José Olympio, 2012.

Inclui bibliografia
ISBN 978-85-03-00854-9

1. Abade, João. 2. Brasil – História – Guerra de Canudos, 1897.
I. Título.

12-1108   CDD: 981.05
                    CDU: 94(81)"1897"

ANTES, UM BILHETE

Entre outras coisas, chamam-se canudos várias famílias de vegetais, inclusive uma flacúrtia de flor roxa e triste, em forma de trombeta, encontradiça nos terrenos menos sáfaros do Nordeste.

Ao norte da Bahia, bem distante do mar, cercado de sítios tão inóspitos como de nomes pitorescos, existiu há muito tempo um arraial perdido: Monte Belo.

Ninguém sabe por que, século passado, mudaram-lhe o nome para Canudos.

Hoje, cidade praticamente extinta. Canudos morre dentro da mesma caatinga trilhada por desbravadores de muitas procedências, carregados dos mais tenebrosos crimes. Da fusão natural daquele povo de raças ainda não caldeadas surgiu também o jagunço, mescla humana nascida da terra bruta, fecundada pelo misticismo inconsciente de um sexo apenas sequioso de sobreviver em meio assim precário de condições de vida.

O jagunço, menos aventureiro do que fatalista, exímio guerreiro por simples contingência, mimetizou-se à pobreza da flora e ao limitado da fauna no inconsequente de sua existência sem nuances. Até a cor e a consistência da pele, a barba rala aos poucos se igualam ao solo onde vegeta. Sóbrio como o cacto que espinha a paisagem monótona, tornou-se bárbaro tal o verdor áspero do juazeiro no desafio à seca quase permanente.

Dedica-se em bruto à causa comum, ao ódio comum. Seus ideais, como seus bens, são comuns dentro da célula comum. Em seu fatalismo maometano não se revolta. — Contra quê? — Contudo havia tantas razões...

Não tem queixas nem das condições climatéricas, sempre tão adversas, nem do inóspito da topografia, sempre tão dura, nem da agressividade do ambiente, sempre tão cruento, nem da pobreza sempre tão pertinaz, nem do abandono em que vive, da insegurança advinda do acoitamento natural oferecido aos criminosos evadidos das cidades...

Não tem queixas da vida, como não tem lástimas da morte.

Não espera nada. Não derrama lágrimas. O riso, sim! O riso lhe é fácil como são constantes as madrugadas rubras, os céus límpidos de julho, as luas cheias, as estrelas enormes que acordam violões e sanfonas sempre afinados para uma copla rústica mas doce; bruta mas poética; como em geral são as flores e os aromas que brotam nas doridas umidades do sertão mais áspero da terra; como são os frutos desse sertão, de sabor inusitado ao paladar da sociedade organizada. Ou para as trovas espontâneas de desafio, de debique, de ironia, de bravata, de mordacidade, como só ele sabe fazer.

Começa por chamar o violão de defunto e a sanfona de égua...

O jagunço é uma criança desamparada num corpo selvagem. Seus conceitos são rudes, seus costumes, à feição das precisões, sua filosofia, adequada às circunstâncias.

Raça — não no sentido amplo do vocábulo — sem passado nem mesmo individual, tem sua noção peculiar e curiosa de vida, de lei, de pátria, até mesmo de família.

A caatinga é tudo aquilo por junto. Fora dela é o inacessível. Morre sem susto desde que o inimigo seja mais forte, mata sem preocupações no caso em contrário.

Não é covarde: é natural! Crueldade é simples rotina. Na doença, na adversidade, os jagunços são estoicos como cães; na vitória, inclementes e egoístas como tigres.

A Guerra de Canudos, epopeia tremenda que durou desde novembro de 1896 até outubro de 1897 e custou o sangue de muitos milhares de indivíduos, sem que se possa precisar em números, teve causa subjetiva, como as guerras em geral. Com esse farto material humano e ambiente tão próprios, ajudado pelos remanescentes do imperialismo sertanejo, o intuito evidente de desmoralizar a República, ainda não bem implantada, Antônio Conselheiro, condutor de um clã impossível, foi o instrumento da rebeldia. Andarilho, exótico construtor de templos e cemitérios, magno recrutador de gentes, com a astúcia de seus guerreiros dominados por João Abade, inconscientes mesmo no não exagerado gênio militar inato, de modo espantoso, em homens de extrema rudeza, o "enviado" escreveu seu terrível episódio nas páginas do tempo. Em consequência, foram as quatro guerras distintas, cada qual mais cruenta.

Pena que ainda não se tenha recolhido em obra considerável tanta curiosa originalidade! O pouco que se encontra disperso, mesmo de Euclides da Cunha, focaliza o assunto sob prisma invariável: o governo e o exército da época, o chão, o homem em si, a luta.

João Abade, a história romanceada de Canudos, foi — ao contrário — escrito "de dentro para fora", sem preocupações senão com o arraial e sua gente: Maria Olho de Prata existiu como as demais personagens, inclusive Valoroso, o cachorro de Humberto, Navio, o burrico do deslavado Vila

Nova, a rua do Campo Alegre, a ladeira das Lavadeiras... Se ocorreram anacronismos e ligeiras alterações topográficas, foram propositais e de nenhuma importância. O enredo exigiu. Muitas vezes, a própria História é escrita assim. Mas o objetivo do livro foi o jagunço, sua maneira de viver, de amar, sua filosofia, caráter, concepções peculiares. Isso explica por que João Abade foi escrito "de dentro para fora".

O romance nasceu em 1935, de uma conversa comprida nos arredores do fabuloso arraial "que não se rendeu: acabou!" O conversador foi Humberto, jagunço então com cinquenta e cinco anos de idade e um jeito de meninão envergonhado de tanta bravura passada e desperdiçada.

Mais tarde, em Salvador, *João Abade* ganhou ótimo subsídio com a leitura dos manuscritos (cartas e anotações) de autoria do não menos fabuloso Julius Cesare Ruy de Cavalcanti — o Arlequim —, e teve seu polimento final em São Cristóvão, de fevereiro a outubro de 1957, na catedral que é a obra de Euclides da Cunha. Nem podia deixar de ser assim. Notas primitivas estiveram extraviadas por mais de vinte anos.

Já agora, a cortina pode ser aberta para o início da peça.

JOÃO FELÍCIO DOS SANTOS

1

Bento Brasil olhou espantado para o doutor da expedição. Era de hoje que ouvia ideias tão malucas?

Aquela conversa de beber arnica em vez de pinga não puxava com o sangue do caboclo. Se não era para arreliar, só podia ser coisa de gente gira. Com isso na cabeça, o alferes foi derrear o corpanzil balofo no tronco da baraúna do canto, no largo da Igreja.

Ficou espiando a noite como caburé de estrada; dólmã aberto, sem camisa, barriga de fora.

Pensou outra vez na arnica.

Com o cigarro queimava as borbulhas que as muriçocas lhe levantavam no couro.

— Calô miserave!

Tirou a túnica de todo e chamou, enquanto coçava uma pereba debaixo do braço:

— Praça!

O praça era o 27. Mulato franzino do Cumbe.

Bento Brasil deu-lhe o dólmã.

— Me abana!

O 27 pulou duro.

— Vá! — mandou o alferes apontando as divisas presas à manga murcha. — Tu não sabe que estamos em tempo de guerra? Bedece, discarado! E tem mais: seu dr. Arves disse que é só pra beber arnica no lugar de cana.

O 27 começou na abanação.

— Tu tá ouvindo o que disse o seu dr. tenente Arves? Quá!

— Deu uma gargalhada que soluçou na galharia da baraúna.

2

Uauá era uma vila. Deveras, não seria nem mesmo um povoado.

Aquele largo, três ou quatro arruados entre becos sem alinhamento, sujos, era tudo.

A noite comeu a última claridade do dia.

20 de novembro de 1896...

3

Na antevéspera, a força, pouco mais de cem homens escalavrados, acampara na vila.

Tenente Pires Ferreira não se conformara em ficar aguardando ordens morosas em Juazeiro. Não fazia outra coisa senão pescar pocomã na ilha do Fogo.

Afinal, atravessou toda a Bahia, na carreira mais besta do mundo, só porque os jagunços de Antônio Conselheiro prometiam vagamente invadir a cidade para buscar, no peito, a madeira da igreja nova, mais vagamente ainda, encomendada desde janeiro do ano atrasado.

Pires Ferreira se chateou da demora e resolveu ir ao encontro dos fanáticos, mesmo sem a ordem.

A caminhada, caatinga adentro numa varação de catanduvas, extenuara seus homens, embora alguns fossem mateiros de verdade, mas já desacostumados ao ambiente nativo pelos moles da vida de quartel na capital.

Não fosse o faro seguro do guia Martim Lá Vai Mundo, ficava tudo vário, espalhado pelos ermos que nem calongo em queixada de xiquexique.

Só por isso o desassossegado tenente teve de permitir aquele descanso forçado de três dias que o enchia de mais tédio.

Na manhã seguinte — já dera ordem — haviam de levantar acampamento. Tomariam Canudos, ali num bem perto, de qualquer jeito. Antes de o sol se pôr.

Já chegava de andar pelos matos como arribação com fome.

Depois, Doroteia estava esperando na Água do Gasto. Mulher quando anda solta só presta mesmo para desmoralizar homem...

Um magote de jagunços espasmados não fazia careta para ninguém macho correr...

4

Francisco Roso, morador de Uauá, mais a filha botando peitos, mais a mulher, com seus alguns trens, passaram de viés pelo largo.

Em fila de um, afundaram dentro do escuro pela boca da rua que saía na estrada.

Não eram os primeiros que faziam assim; desde cedo, desde que os soldados chegaram, antes mesmo, só com a pancada do boato, famílias inteiras vinham procedendo do mesmo modo.

Aproveitaram-se bem das noites de lua fina para o êxodo.

As taperas — porque as casas da vila eram taperas — já estavam quase todas desabitadas. A única venda de verdade do lugar amanhecera fechada com sua porta inteiriça de pau largando escamas de tinta verde ao sol do meio-dia.

O alferes não deu fé da passagem de Francisco Roso, morador de Uauá, mais da filha botando peitos, mais da mulher com seus alguns trens.

5

Embora aquele sumiço geral lhe pusesse uma certa arrelia, atribuía-o ao receio do povo. Raro aparecer um macaco pelas bandas de ao redor.

Felizmente para o 27 tocou o recolher.

6

Na casa da esquina, de tijolo cru, a melhor de Uauá, das várias que se tinham esvaziado inexplicavelmente na véspera, Pires Ferreira fez seu quartel-general. Transferiu-se às primeiras horas da birosca que o acolheu à chegada.

Entre caixas de munição, cunhetes e petrechos de briga, fifó aceso, atualizou seu "diário" para o general Solon, comandante do 3º Distrito Militar da capital do estado. Explicou que ali estava, sem ordem, por causa de um entendimento pouco explícito, havido com o dr. Leoni, juiz timorato e vingativo de Juazeiro. Deu conta, depois, do que pretendia fazer na manhã seguinte e, antes de deixar em branco a folha reservada para descrever com toda a força de sua literatura a tomada de Canudos, preocupou-se com a saúde do médico, o tenente Alves. Há dias — escreveu ele — vem o doutor tenente dizendo umas tantas bobagens, a querer que a tropa coma mandioca crua por via do ferro que ela contém. Ademais, com terríveis profecias, abate o ânimo da força: "...que Antônio Conselheiro não havia de poupar nem unzinho só para contar a história...", "...que em Canudos oito mil jagunços os esperavam para castrá-los sem piedade..."

Fora, nuvens pesadas passaram nos peitos o fio de lua...

7

Nem bem amanhecera quando, muito longe, começou a se ouvir na vila uma melopeia monótona, fúnebre.

Mistura de *Kyries*, orações ao Divino, vivas ao Senhor do Bom Fim e ao Senhor do Bom Jesus, tudo com a marcação confusa e irritante de atabaques.

Do planalto, enorme procissão descia as encostas ramificadas pela erosão das chuvas.

Assim era a inóspita serra de Canabrava vista de Uauá.

Na frente, distanciado do troço, um mameluco escuro, gigantesco, abria o desfile exótico. Carregava enorme cruzeiro de cedro. A cruz pesava mais do que o portador.

Atrás, bandeiras brancas e vermelhas do Divino estalavam seus panos ao vento forte da madrugada. A procissão se abriu para a vila.

Cercada de mulheres e crianças descalças, caras angulosas, andrajos nojentos, formava um quadro feio, desses que se usa em painéis.

Soldados em ceroulas, não de todo despertos, mas surpreendidos com a esquisita alvorada, assomavam às janelas baixas e batentes.

Dois ou três vieram acabar de se vestir do lado de fora, afogados em curiosidade.

A procissão cruzava o largo quando, sobrepondo-se ao zunzum da oração compassada e aos cânticos sem sentido, estourou um berro que parecia assobio de monstro desconhecido. É que na janela ao lado da que estava Pires Ferreira o médico açodara os porvires:

— São eles! Os jagunços do Conselheiro!

8

Escondido pela ofensa dos calumbis, apartado de Uauá duas léguas das pequenas, um baixo triste como boca de velha tinha por nome Ipueira do Boi.

Nos verdes que vão até o açoite da magrém, chuva enche os buracões do chão que nem lago feito. Quando a gente espanta, as beiras rompem bordadas de tudo o que é planta descarada. Depois que a seca toma conta, banzeira conforme o sol, as águas principiam descendo, bebidas pelo chão.

Dobrando ano sem chuva, nem o fundinho escapa. Senão fica sempre uma poça ou duas, onde jacaré se acoita esperando inverno.

Planta acompanha a baixa no tombo de ferida que vai sarando.

Para trás, demora só a roda de massapé estourado em rachas que o mormaço pilotou. De resto, nem pé de canudo segura marcação. É como se finda a lagoa.

Fica dada por vista a Ipueira do Boi, apartada duas léguas das pequenas de Uauá.

Mas em novembro — era novembro — as águas ainda estavam subidas. A ipueira andava prenha de peixes.

Dos grandes, os dourados foram os primeiros a chegar.

Depois, os pacus, peste que só tem valia cozida com folha de mandioca. Também não assombrava um surubim variar por ali, vindo de algum canal provisório, rompido pelo desperdício das chuvas.

Nessa manhã, quando o médico doido se largou na berraria de menino novo, gaviões andavam reinando na especulação de caçar peixe. Carcará não pesca de mergulho inteiro; marca a presa de cima, volteia no ar, acampana o remanso do ponteiro da agulha, e, no momento fixo, pica voo de ponta-cabeça, agarrando o bicho no espelho das águas.

Não é difícil que o morejo seja perdido. Nem faz espanto para cabra sabido se algum parelho do pescador, mais de arrelia, aparece do alto para topar resultado.

Sobrevindo sucesso de luta, o peixe é largado no seco. Então, sempre chega um urubu ladrão para se lavar no que custou tanta arenga.

Na audácia da briga, os carcarás não descobrem o logro antes de tombarem com as penas meladas de sangue.

Ocasião, na clareira, só fica sobejando corpo morto de rapino lutador.

Desde cedo, a barra da manhã, de tão viva, chegava a triscar o silêncio que a noite tinha deixado como sombra de jurumã.

Um carcará do peito alvo que nem miolo de ingá fechava voltas, de olho num dourado.

Mais no alto, outros danavam-se em roda.

Madrugada, peixe gordo gosta de nadar na flor, tentando fome de papo seco.

Obra de um átimo, foi o pinicado do voo, o golpeado da garra, o esforço para ganhar o vento de novo, já servido na pesca.

Mas aconteceu que o dourado, pesado demais, não era empresa para gavião: abrindo duro as barbatanas para se segurar na ipueira, reagiu de macho.

Para o inesperado, foi preciso o gavião dar toda sustância às asas, num baticum da cachorra.

Enquanto isso, o dourado deu de fazer voltas largas na tensão de escapar da dor que já lhe comia no lombo e da assombração que todo vivente adivinha quando sente agravo no corpo.

Sem largar a presa, ruflava as penas como tambor de governo. Já afundado até os peitos, conseguiu sempre uma vantagem e, com o arranco, só os pés ainda ficaram rodando, inquiridos na carne vermelha do peixe.

Foi a carreira mais medonha desse mundo!

Quando, no meio de tanta roda, o carcará achou maneira de encompridar o corpo fino na ponta das asas, sungou-se no ar com o mimo apanhado, largando no fio d'água um lote de bolhinhas brilhantes como adorno de mascate.

A barriga prateada fuzilou convidando os outros carcarás que volteavam por cima. Mas a barriga fuzilou foi só uma coisinha: logo, aproveitando o arco da subida, as barbatanas abertas se colaram na água de novo e o dourado sumiu de vez.

Outra volta larga do peixe, sempre com o gavião em riba, fez foi soltar mais bolhinha brilhante. Do gavião, só tiniram, na seta da vista, a cabeça e as asas largando penas. Depois, ficou de fora somente a cabeça, o bico aberto, o olho encarnado. Por fim, essa mesma afundou também.

Aos poucos, desfez-se o volteado dos outros carcarás. As águas se aquietaram...

Nisso, o sol clareou em bruto a barragem ofensiva dos calumbis, escorrendo os derradeiros respingos que o combate havia sacudido na galharia mais baixa.

9

João Abade, o mameluco colossal que transportava o cruzeiro, foi quem emitiu aquele grito quando viu seu plano descoberto pelo médico doido.

Seguiram-se muitos silvos agudíssimos.

Imediatamente, do interior da turba de penitentes caminheiros que se desmanchou como faísca de pederneira, saltaram quatrocentos jagunços armados de porretes, facas, foices, terçados, ferrões, um ou outro trabuco primitivo ou clavinote de carregar laboriosamente pelas duas bocas.

Dividiram o largo da Igreja em duas partes: mulheres, inválidos e crianças, os que formavam a casca da procissão, desapareceram num átimo pelos vãos dos becos.

Então, volteando rapidamente à esquerda e à direita, as duas alas investiram para o casario.

Assim, no jeito de espirradeira madura, atacaram o inimigo, que nem tivera tempo de perceber a malícia da trama.

Os soldados que já estavam fora foram logo abatidos furiosamente como rês de feira...

10

Pires Ferreira, arrebatado, destemido também, não se perdeu no estouvamento; em um minuto, avaliou a extensão da investida ao tempo em que reconheceu, com certa alegria, a grande inferioridade de armas dos atacantes.

Conseguiu estabelecer contato ligeiro com sua tropa, picada pelos muitos casebres.

Descarregando indescontinuadamente sua repetição pela viseira improvisada na rótula, ordenou o arrombamento dos caixotes de munição a coronhadas e a distribuição de qualquer modo.

O tiroteio começou antes do que era de se esperar, forçando o inimigo a um recuo, com a surpresa, para o meio do largo.

Cinco deles tombaram como aviso.

Dois mais.

Mais dois a seguir...

Cartuchos e carabinas eram passados por cima dos muros, pelos fundos das casas, ou atirados a distância.

João Abade percebeu por intuição o que se passava. Não podia impedir o movimento pela retaguarda porque os quintais, cosidos fundo com fundo, não eram acessíveis pelas ruas e becos.

Só restava um caminho para os seus: forçar as frentes!

Sempre dando ordens por silvos agudos ou pios de taquara, inclinou o cruzeiro enorme e investiu furiosamente de encontro à janela onde Pires Ferreira combatia duro.

O tenente permitiu que o aríete penetrasse no quarto, estilhaçando portadas. Então, agarrando-se com toda a força a um dos braços da cruz improvisada em maça, torceu-o prendendo o madeiro na esquadria como lingueta de fechadura.

Sob o fogo logo recomeçado, Abade abandonou a cruz entalada e se refugiou por trás da baraúna.

Fracassara seu plano. Já nem tinha conta atacante morto ou estertorando pelo solo. O trovejar da guerra era encoberto pelos gritos fanáticos e imprecações de ambos os lados.

Alferes Bento Brasil nem tivera tempo de se erguer do leito. Nu, fazendo desaparecer na coragem ágil as enxúndias de seu todo grosso, agarrado a sua pequena Comblain bem-municiada, derrubava muitos dos jagunços cujos corpos — um deles com os braços pendentes para dentro do peitoril, a parnaíba aos pés — guarneciam-lhe o fogo como guarda de comando.

A cada novo abatido, o gorducho saudava com estrepitosa gargalhada, acariciando a cabeça do morto da janela:

— Toma teu Conselheiro, filho do Cão!
— Peste da cachorra!
— E tu também... Toma!
— E mais tu!

João Abade viu-o.

Desesperado com a rápida organização da defesa que não dava mais tempo dos seus recarregarem os velhos trabucos de boca de sino, saltou em direção a Pajeú, que, sem largar a bandeira-rei do Divino, entre salvas a Antônio Conselheiro, assobios e orações, saciava sua sede de sangue cravando um longo ferrão nos vazios do pobre 27.

O chefe tomou-lhe o ferro gotejante e cometeu em deriva doida para a janela do alferes.

Bento Brasil percebeu tudo. Apontou-lhe a Comblain:

— Te gueta, canaia! — Mas antes que o militar apertasse o gatilho, o gigante, como um tiro, disparou a seu encontro e afundou-lhe a arma selvagem na cabeça. A Comblain de tão boa repetição silenciou para sempre...

11

Já a manhã ia alta.

Uma garça branca, assustada, cortou os céus da vila.

Pajeú, com um valente porrete a substituir o ferrão que lhe fora arrebatado pelo superior, desancava portas.

João Abade avaliou a situação, outra vez resguardado atrás da baraúna. Deliberou que sua gente debandasse.

Seu intuito era que os soldados, animados pela sangria sem medida, pelo calor da briga, saíssem em campo aberto para a perseguição final. Então, arrepiando caminho, ofereceria combate corpo a corpo, muito mais à feição de suas possibilidades no momento.

Mas, se a vitória completa estava de corte com os soldados, o pânico que se meteu no meio não foi menor.

Ainda que os guerreiros de Canudos aparentassem uma fuga, Pires Ferreira, com todo o seu destemor, foi impotente para conter seu bando.

Apavorada, mais doida ainda pelos berros descomunais do médico maluco, a soldadesca, vendo-se livre do ataque, debandou por seu turno para as catanduvas opostas, abandonando todo o equipamento militar e as provisões de boca...

O recurso do tenente-comandante foi segui-la e organizar o regresso dali mesmo, de vez que João Abade, muito vivo, percebendo a reviravolta bem mais cômoda, fez com que seus comandados regressassem ligeiros e tomassem a vila antes de abandonada de todo.

Assim foi perdido o último contato com os homens da legalidade.

À súplica de Pajeú para persegui-los ainda, não bem saciada a sede de sangue, João Abade rebateu violentamente:

— O chefe sou eu! Porquera nenhum manda... Tome sentido!

É que a sorte, prosseguiu pensando o mameluco, ajudou e não se deve abusar dela. Que adianta sangrar mais algum daqueles miseráveis desde que sempre haviam de ter levado alguma arma? Canudos não seria mais incomodado! Necessário poupar homens para mais tarde e não carecia expô-los só para satisfazer vaidade. Bastava de sangue! Por ora, bastava de briga!

O que foi deixado pelos fujões era coisa muita: caixotes intactos. Armas de repetição das faceiras...

O que se fez foi barganhar sangue por armamento chique. Sangue e muito... Mas o que se precisava para o futuro era arma; ao passo que sangue foi feito para aquilo mesmo. — Quando o sangue é de homem macho!

12

A verdade é que essa modalidade de troca foi a que prevaleceu, depois, durante toda a campanha de Canudos...

13

Nos becos, mulheres e crianças conservavam-se impassíveis, à espera de nova ordem.
Livres do pipocar sinistro, não queriam sair de sua indeferença. Suspeitavam que a coisa não tinha sido muito ruim para os seus. Muito morto, mas isso não era nada... Morto é que nem mulher e criança: coisa sem prestativo!
A vida era a jagunçada!

14

Contudo, João Abade estava zangado.
De seus planos, nenhum saíra bem certo! Nem mesmo aquele final fora idealização sua...
Há tanto tempo vinha Canudos se preparando para a guerra e fora precisamente ele o que tivera a primeira oportunidade. Tivera, não! Impusera!
A vitória sobre as pretensões de Pedrão fora bem mais bonita do que aquele baticum à toa...

Desde o comecinho que os dois se entestaram de rijo.

Os demais chefes de labuta de sangue do Conselheiro não eram parada para ele: eram segundos chefes por natureza. Mas Pedrão... aquele mulato sabido de peito largo, cabelo já querendo branquear no escorrido da cara, não era cipó de vidro. Respeito de homem para homem estava se aguentando, mas, dia mais dia menos, tinha de se torar!

Abade estava zangado:

— Coração mole não ajuda! — recriminou a covardia dos seus que se deixaram morrer. — Homem não se deixa sangrar por macaco! Não careciam dar tanta sustança aos cabras do Cão...

Pajeú estava triste.

— Vocês morrem de mole que é! — apoiou o chefe. — E mole sou eu também, que por arte da peste só sangrei doizim... Se sô Abade deixasse, nem que eu fosse sozinho atrás deles, ainda fazia estrago maior do que moça nova em bacurau velho...

15

Juca mais compadre Arcidino estavam de atalaia.

Não que fosse mais preciso. João Abade mandou porque queria tudo direito para os cabras não afrouxarem com a guerrinha de nada.

O chefe sabia que, mais para lá, ia ter muito pau pra rolar. Aquilo foi uma besteirinha!

O grosso da jagunçada estava dormindo. Maioria nos ranchos dos moradores já regressados à vila.

A volta a Canudos estava marcada para a boca do dia, quando a estrela-d'alva estivesse coroando a serra.

Ainda acordados, fora Juca e Arcidino, só Acioli, um branco da cara da miséria, vigiava na encruzilhada de cima, adjuvado por Elísio mais Macaúba.

Guardando o chefe, crivados de pernilongos, seu Nestô e Mário Timbaú, ao pé da baraúna do largo, fumavam de cócoras, junto às redes armadas.

João Abade dormia no chão puro, ao relento, como era seu costume.

— Muriçoca tá comendo sorto, cumpade Nestô...
— Tá da moléstia!

Os dois continuaram de cócoras.

Deitar era o mesmo que chamar sono e, para eles, os mulatos mais velhos do troço, cabelo já pintado, não ficava bem acordar debaixo de peia — que o mameluco tinha a mão pesada para danar!

Nos Cumbes, certa feita — quem contou foi Neco do Carmo — João Abade coseu um cabra todinho na faca só porque o desgraçado dormiu na vigília e respondeu mal ao relho que o despertou...

16

Arcidino pensava em Maria Olho de Prata com uma saudade danada do pecado lá deles.

Lembrou da toalha bordada, sempre muito alva, que ela levava para forrar o chão no meio das favelas.

Só onde ela gostava de amar...

O ruim é que, naquelas rampas de quartzo esfarelado onde nem mandacaru brotava, tinha cada cascavel maior do que a fome, de meter medo até no Cão.

— Tira o pensamento de mulher, cumpadre — aconselhou Juca —, diz que não presta pensar em vadiação fora de hora...

17

Não se via nem uma luz.

Povo morto era pior que arribação na seca braba. Quase tudo jagunço.

Em corpo de soldado não havia mais nada para catar: até as fardas tinham sido carregadas pela gente do Conselheiro. Bocas abertas pela violência dos punhais à caça de dente de ouro, riam para o céu, cada qual mais arreganhada. Alguns riam com a barriga também, torada durante a labuta pelas parnaíbas afiadas.

A ordem era para que o povo da vila enterrasse tudo depois que os jagunços se retirassem.

Tardezinha, Miguel da Cruz, ainda com o braço encarnado de sangue da furada que levou, andou dando tombos nos matados que não tinham caído de todo, ora entalados em alguma cerca, ora apoiados a um muro.

— Lugar de defunto é no chão! Não adianta querer ficar de cara pra riba! — responsava, deitando-os indiscriminadamente à força de coices distribuídos com o borzeguim que lhe coubera na partilha feita pela justiça muito da safada de João Abade.

O quinhão recebido era proporcional ao estrago causado ao inimigo. É que o chefe, mesmo no aceso da peleja, achava tempo e jeito para fiscalizar seus homens.

Pedro Aroeira estava ali! Ganhou duas calças, uma garrucha nova com a capanga cheia e o polvarinho abarrotado, mas por ter deixado escapar um macaco atrevido que se esgueirou para o mato por trás de uns caçoás de bagre, levou quatro relhadas nas coxas...

18

— Home, té capaz que na descida do corgo a gente tope argum trem prestativo e não carece deixá de valia jogada no mato! Vamos inté lá? — convidou compadre Arcidino ao companheiro de sentinela.

— Tá é mais escuro que asa de graúna... Embora, vamos sempre!

Endireitaram pelo arruado menor, o que ia dar na estrada para os ermos de Patamoté.

Já quando findava a rua, no sovaco do quintal da derradeira moradia ainda desabitada, os dois que andavam caçando coisas toparam com um cadáver caído sobre as pernas viradas para trás, cara para cima, assim como quem caiu de joelhos, tombando o corpo de costas.

— Vote que é o minino de sá Reimunda!

Agacharam-se.

Entre crostas de sangue, o cabo de um punhal tapava um olho ao morto.

Arcidino, ainda abaixado, arrastou o pé de mais sangue coagulado no chão. Não achando terra seca, levantou-se.

Juca prosseguiu agachado, olhando para o punhal:

— Povo burro! Nem sabe sangrar um homem levando de volta as arma! Cum'é, compadre, que se larga pros à toa uma faquinha catita dessa? Trem de fêmea... — mas quando Juca procurou retirar a lâmina é que percebeu: entriçada como estava, provavelmente não fora possível, no açodamento da briga, ser recuperada pelo agressor.

Arcidino sentiu a dificuldade do companheiro para a conquista da peça. A cada novo arranco, a cabeça do morto acompanhava o punhal e, com a rigidez da morte, levantava todo o tronco em falso sobre as pernas dobradas.

Arcidino debochou:

— Cumpadre, ocê não tem tutano, não? — e colocou o pé na testa do jagunço abatido. Calcou a alpercata com força num adjutório.

— Ranca agora!

19

— Te acanha de usar trem fino desse, home! — Com o corpo avantajado de velho barqueiro, que fora antes de entrar para o cangaço, Arcidino arrebatou o punhal ao pequeno Juca das Candeias.

Era a justiça da terra e não metia reparo.

O franzino não reclamou. Não havia mesmo apelação. Lei do mar: cada peixe só é menor para o peixe maior.

Doeu-lhe foi a certeza que o fim da peça não ia sofrer derivativo; embora levado por outras mãos, o destino era Maria Olho de Prata!

20

A mulata dos peitos fartos, mais cheirosos do que uma braçada de mandioca doce, não era pecado só do compadre Arcidino.

Verdade que a vez dos mais fracos custava a chegar, mas, lá um dia de sorte, aparecia sempre...

O sol nasce para todos, ainda que nas frestinhas da serra só pique de assustação, enquanto nos abertos da caatinga dá de criar bicho o dia inteiro.

Juca pensou no que dizia o povo: o chefe andava apetecendo Olho de Prata e, se fosse realidade, o compadre ia perder sua viagem. Mulher que Abade pinchava a mão ficava de parte. Mesmo depois de largada, jagunço nenhum de Canudos ou de toda a zona tomava nunca mais acerco. O jeito da coitada, se não quisesse morrer de fome, era derrotar para canto de em volta...

21

O chefe — quando era dito assim, puro — era João Abade.

Havia muitos outros. Fora o Conselheiro, que era o Conselheiro; fora Pedrão, que não andava de súcia; tinha Pajeú, tinha Vila Nova, tinha Mané Quadrado, Taramela, João Grande, Macambira... Nem todos eram chefes de labuta de sangue: alguns deles, cabras ruins do mesmo jeito, eram mandões de igreja. Não se metiam em briga feia.

Mas chefe puro, sem outro nome depois, era só sô João Abade!

Mais tarde, Abade foi promovido a comandante da rua. Mas isso foi depois. Foi negócio arranjado por Taramela para fazer agaste a Pedrão.

Do santo Conselheiro, não! O santo não andava metido nessas vadiações; mas rapariga do gasto dos outros chefes não era objeto de posse e não ofendia que o povo usasse dela.

Porém, quando era moça de Abade, o Cão é que tomava chegada!

22

Amanheceu.

No largo da Igreja, João Abade só apreciava, como forasteiro enfarado, o menino escuro — aquele que lutou todo o tempo com a bandeira-rei do Divino — picado de bexigas, manobrando gente e trens com desembaraço, para o regresso da tropa.

O menino tinha pra fora de trinta anos. O hábito da caatinga é que lhe forçava a atender por menino.

Pajeú, nascido ali de junto, em Assuaruá, ágil, seco, anguloso, tanto dava sua ordem como fazia arranjo mais à mão. Despachou um cunhete e amarrou uma provisão de carne. Tudo presa de guerra que, por via do que viesse, é de mais à feição ter o de-comer reservado. Rapadura, em Canudos, escasseava cada dia mais...

Pelo jeito, o chefe descansava em seu lugar-tenente.

Apartado dos outros, Pajeú podia parecer um tabaréu tímido, mas durante toda a briga da véspera foi o que se viu: nenhum mais desimpedido! Ninguém mais ligeiro na faca. Fala macia, o escurinho nunca se assombrava ou perdia a calma. Fino de ouvido, não caía em cilada. Pregada dele era só para dar morte certeira.

Quando se falava no roxinho, toda gente sabia que o cabra era do desespero.

— Minino, pronto?

— Nhor, sim!

— Toca! — Abade empurrou a exclamação com o gesto resoluto. Não gostava de falar. Falação é coisa de bordadeira de bilros...

O povo se pôs a caminho entre despedidas e recomendações dos da terra aos vizinhos de Canudos. Era como se voltassem de uma feira...

— Sô Israé, não deixa de dizer pro Sazafredo que as cabra dele eu vou levar no domingo!

— Juca, meu filho, diz a Das Dores que eu sinto demais terem matado sô Manezada...

Tudo já esquecido dos mortos que ficavam...
— Miguel da Cruz, meu filho, pede a Mané Quadrado que me mande mais uma garrafa pra mordida de cobra...
— Lembrança a...

23

Arcidino pediu licença:
— Sô Abade!
O chefe virou-se.
Arcidino, embaraçado, procurou palavras. É que não era muito fácil dirigir-se ao mameluco.
— Isso... quer dizer... — continuou na agonia de caçar palavras, inibido pelo olho duro do chefe. O olho incômodo afundava dentro dos dele. Piscou várias vezes. Com aquele olho em riba, impossível falar nada!
Decidiu-se. Mostrou o punhal numa precatória.
— É que eu queria ele mode...
Abade apanhou a arma com a maneração do costume. Revirou-a na mão. Examinou o cabo cheio de madrepérola incrustada, a lâmina inglesa. Em seguida, sem pressa de responder, meteu-a na cintura, resguardando o pico da ponta ao comprido no cinturão largo, infestado de moedas de prata, dentes de bichos, e pôs-se a caminhar despreocupadamente acompanhando sua turma.
Imaginou plano de oferecer a bonita faquinha, de prenda, como começo de relação, à Maria Olho de Prata.
O jagunço ficou para trás vexado...

24

Bandeiras desfraldadas, a formação igual à da véspera, muito mais reduzida, porém se perdeu na última quebrada da serra...

25

Em Canudos já se sabia tudo.

O pombeiro João Salustiano tinha trazido na carreira através das caívas só desuniformes nos seus rumos para os olhos da gente do Conselheiro, arrolamento completo até de quem tinha morrido. Nome por nome.

Mais do que todo mundo, aquele povo sabia que hora de morrer não tem retardo.

Receberam as novas do pombeiro, no seguimento da vida.

Ninguém chorou: nem homem nem mulher...

26

Jagunço não era só o habitante de Canudos: era toda aquela gente fanática de Antônio Conselheiro que se espalhava sem limitação certa, do Cabrobó a Queimados e Jacobina; da volta grande do São Francisco a Bom Conselho e Pombal.

Embora qualquer deles, independente de sexo ou de idade, estivesse pronto a derramar sangue — seu ou inimigo — pela causa, nem toda a matula tomava maior partido na guerra senão em ações secundárias.

Foi o que aconteceu ao povo de Uauá.

Homem da força ativa do arraial tinha passagem de noiva onde fosse a qualquer missão. Fornecimentos ou informações lhe eram facilitados com a mesma lealdade com que eram recebidas ordens do Conselheiro.

Não se discutia. Não se parlamentava.

Em muitos sítios, o santo só era conhecido de nome. Nem por isso era menor a confiança, a aliança, a dedicação aos seus desígnios.

27

A igreja nova ainda estava quase que nos alicerces, embora só na fachada erguida como paredão isolado já se esboçassem duas torres.

Esse original sistema de construção materializava sem filáucia o açodamento dos que sonhavam ver logo erguido o templo do Conselheiro.

A compra do madeirame para a conclusão da obra, inclusive da grande latada lateral e dos anexos, como a casa residencial, foi o pretexto para o começo de tudo.

Na pobreza da caatinga não havia madeira de lei ao talhe de trabalho de maior envergadura. De Canudos fora mandado para Juazeiro o dinheiro da compra. Coronel João Evangelista Pereira de Melo, o intermediário, não fez negócio muito claro. O fato é que se passou um mundão de tempo sem que se tivesse mais notícias da encomenda.

Um dia disseram a Vila Nova, ou Vila Nova inventou, que certa mulher-dama, chegada de Casanova ou Pilão Arcado, contou a outra rapariga que os paus, por isso mais aquilo, não vinham nunca mais. Então, foi o recado malcriado de Pedrão.

O solavanco do susto lá neles, a ida da tropa legal para Uauá, produziu aquele esparramo da véspera.

Depois da obra pronta, menos de duzentos metros acima da igreja velha, havia de ficar em melhor localização para a serventia do Conselheiro e de Taramela e bem mais resguardada das enchentes maiores, muito raras do Vaza-Barris.

Isso sem falar na posição ideal para o caso de guerra...

28

Junto à torrezinha da igreja em riso, um homúnculo glabro, de camisolão comprido, branco e sujo, olhinhos miúdos de porco acanhados na gordura brilhante de uma cara torpe, afundada no tronco redondo sem pescoço, coxinhas e perninhas roliças sobre pezinhos feminis em alpercatas de oleado diferentes das grosseiras, de couro cru, usadas pelos cabras, José Félix — o Taramela — vigiava ansioso para anunciar a proximidade dos regressantes.

Quase escurecendo e nada de surgir na estrada o cruzeiro de João Abade...

29

Taramela não era propriamente o sacristão. Melhor: não era só o sacristão. Era o homem mais ligado ao Conselheiro, seu assistente constante, criado servil, portador e intermediário tão asqueroso como de confiança.

Sabido que o santo — assim chamado por seus prosélitos —, após sua única e frugalíssima refeição ao pôr do sol, servida em pequeno pires, se recolhia para meditações, e até a hora da prédica só falava por motivo de alta relevância. Isso ainda que fosse a um chefe.

Taramela, então, também sumia e não era visto senão de relance, quando, mais tarde, apagava as velas da nave e trancava a porta da igreja.

Embora muito longe de possuir a força que propalava ter junto ao chefe supremo, sempre conseguia, ao fio da convivência, influir um tanto, principalmente a favor de João Abade, em quem farejava aliado bastante útil.

Pedrão foi o primeiro alvo de suas simpatias. Mas Pedrão negou-lhe estribo à dedicação falsa. De caráter mais rígido, menos ambicioso e maleável, não deu ponto. Com Abade as coisas iam bem que fazia gosto...

Quando Taramela não estava embotado de todo pelos substanciosos rega-bofes, consumido vorazmente na solidão da avareza ou afundado e perdido na lubricidade entre moças novas que se submetiam por misticismo ou engodo às exigências caprinas, embora já inconsequentes, de sua virilidade bruxuleante, exigências garantidas pelo absolutismo de seu prestígio; quando não se encontrava bêbado — apesar da mais férrea proibição do consumo do álcool imposta ao povo do arraial, com as exceções que se verá mais tarde —, Taramela não era um idiota. Ao contrário: astuto e intrigante, fazia-se útil a João Abade. Mas não era em vão que o gorduchote sagaz gastava a cera de sua vela a iluminar o chefe a ponto de ceder-lhe, para concubinas, duas filhas, depois de iniciá-las pessoalmente na mais sórdida prostituição ao tempo em que as enxúndias ainda não lhe cortavam o passo. Aquele tipo de passo!

É que João Abade, lisonjeado e satisfeito também com a aliança, a par de muitos e pequenos favores, como fornecer-lhe à gula mais cachaça do que seria natural um homem consumir, garantia-o integralmente contra algum jagunço menos dócil às suas intromissões e velhacarias soezes.

Entre os mandões de igreja, Taramela formava em plano correlato ao de Abade, como chefe de labuta de sangue.

O ex-sapateiro de Penedo — daí a razão de suas sandálias caprichadas, como só as usava o santo — era nada menos do que a Casa Civil de Antônio Conselheiro!

30

O povo na rua olhava para o horizonte. Depois, para a torre oceolada pelo roçar do tempo, à espera do aviso.

Mas o sino bateu foi à hora da ave-maria...

O que se não sabia é que o atraso de João Abade fora motivado por uma suspeita: o chefe, agora mais cauteloso e preocupado com tanto sangue derramado e que ia fazer tanta falta mais tarde, arrependido de não ter escutado o conselho de Pajeú para perseguir os soldados, arrepiou caminho.

O motivo foi besta: uma zuada que o vento trouxe da banda de leste; mas como a zuada não tinha cabimento dentro da tarde quieta, com isso perdeu três ou quatro horas de marcha.

31

Também na venda de Vila Nova só se falava no caso.

Um balcão verde, corrido, separava o reservado dos chefes da pequenina área destinada aos fregueses comuns. Das duas portas, uma estava sempre fechada com uma grossa tranca por dentro. A outra é que se conservava aberta desde manhãzinha até depois da reza.

Lá dentro, no reservado dos chefes, é que corria cachaça proibida e muitas outras coisas mais.

Fora, as prateleiras comuns, os gêneros comuns, dois tamboretes, lampiões de gás, sacos empilhados por detrás da porta que se não abria, abóboras espalhadas no chão...

Pedrão, que raramente frequentava o reservado a não ser para exibir, depois, os maiores, os mais deslavados, os menos indiscretos porres do arraial, assuntava em silêncio a conversa de Cavalcanti com o vendeiro.

Ainda estava no seu bem quieto, sentado no tamborete preferido, ao lado do balcão, com o fumo esfiapado miúdo na palma da mão e a palha de milho raspadinha na boca, quando Arlequim perguntou sua opinião.

Arlequim era o Cavalcanti.

Pedrão fechou a cara:

— Nós estamos guerreando tudo por uma coisa só. O que foi feito, foi bem-feito. Cada qual tem sua razão para obrar assim ou assado. — Pedrão, como Cavalcanti, falava mais ou menos certo. Tinha aquele sotaque de Ouricuri, mas proferia as palavras até o fim, abrindo, é claro, nos *ee*. — Olha, Arlequim, não adianta a gente estar comentando, porque da crítica ao fuxico só vai um passinho de nada! — Calou a boca porque não era de seu feitio dar muita confiança a ninguém, muito menos àquele cabra metido a conhecedor de briga.

Trela só se dá a mulher, e assim mesmo não há de ser muita!

Enquanto Arlequim prosseguia conversando com Vila Nova, Pedrão ficou pensando que, se fosse ele, não faria nada daquilo: nem o que Cavalcanti dizia que se deveria ter feito, nem o que João Abade, de fato, fez.

Arlequim podia bem entender de toque de cometa e de galão na manga porque andou metido em quartel, em outro tempo.

Se não fosse mentira!

Mas essa ideia de dividir tropa de ataque no mato era besteira da pura!

Para defesa estava bem, e Pedrão tinha seus planos para quando chegasse a hora de Canudos. — Que ela havia de chegar, havia!

A procissão não foi ruim. Até que foi uma ideia decente que Abade teve! O resto, não! Onde já se viu cada qual atacar escoteiro frente de casa guarnecida de repetição? Era para morrer... Perdeu-se foi muito jagunço à toa, e, se os que sobraram traziam aquele mundo de arma e boia, foi porque os homens da legalidade se apavoraram só de ver cara feia. Senão seus parceiros teriam morrido a troco de quê?

Isso no caso de João Salustiano ter trazido a história contada direitinho.

32

O inimigo, conforme contou Zico da Barafunda, o morador de Uauá que apareceu com a primeira notícia de valia, que causou o ataque à vila não era mais de cem homens. Besteirinha de nada!
Até bem pouco antes de Abade sair com a procissão, estava acertado que Pedrão é quem ia comandar o bando. De repente, foi aquela ordem do Conselheiro: — João Abade é que vai!
Pedrão nunca entendeu o porquê da reviravolta. Devia ter sido dedo de Taramela para encher o outro de reverências. Não convinha entrar muito fundo em coleção. Quem pergunta quer saber e às vezes saber certo descobre confusão. Dá barulho. Barulho de homem cheira a sangue...
O fato é que Pedrão já estava até com seu plano conchavado: escolhera só duzentos cabras duros. Armação pouca: um trabuco para cada jagunço. Para que mais?
Conhecia Uauá como a palma de sua mão. A vila não tinha água senão a do córrego, no aceiro que dava saída para a estrada de Patamoté. O traçado era chegar à noite, sem baticum, de caminho feito, direto ao córrego.
Não se precisava abrir fogo de convite. Na banda de lá, muito ingazeiro, jatobá, muito pau de beira d'água. Enfim, muito pau de folhagem para ajudar no disfarce. Dali, só na ocultação do espesso, o serviço era vigiar. Tiro avulso em riba de quem tomasse chegada.
Dentro da rua, só siá Maroca Palmeirinho tinha cacimba no quintal. Ainda que estivesse minando uma coisinha — que a chuva começou tardia —, mesmo assim não dava para a sombra do gasto.

Soldado da cidade, com coisa de cinco dias, abre o bico de sede. Homem com sede é mais podre que pau de mandaçaia. Tinham de resolver: ou se retiravam de volta-caminho ou avançavam. De qualquer maneira, em campo aberto, para os jagunços que estavam escondidos a limpeza seria outra...

Esse era o plano de Pedrão, desde que ficou resolvido o ataque em Uauá aos homens de Pires Ferreira.

Mas quem foi, foi João Abade, e fez como entendeu.

33

— Sô Arlequim — Pedrão repetiu —, nós estamos guerreando por uma coisa só...

O mulato de cara quadrada, cinturão de palmo e meio sempre oco — que arma não é para amostração —, não disse mais nada.

Ficou espiando a rua para a banda de onde vinha Maria Olho de Prata.

Então o sino danou-se no aviso esperado.

34

Dia seguinte, João Abade vinha saindo da igreja. Pedrão entrava.

De costume não se cumprimentavam.

— Tenho pra mim que vosmicê inté que podia fazê obra mais mió...

Pedrão olhou Abade de frente. Percebeu a sinceridade do companheiro de luta, de ideal, o descontentamento, a tristeza que o acanhava ante o meio insucesso, a humilhação. Não quis afligi-lo mais:

— Fazia não!

35

Com as primeiras pancadas d'água de dezembro, o Vaza-Barris começou a encher de sopetão. Aquela noite, palmo e dois dedos.

Arlequim não perdeu tempo: escuro ainda, desceu para o rio sobraçando nassas e espinhéis.

Bom mesmo seria tarefar durante a noite, mas Maria Calango resolveu dormir de casado e só o deixou livre àquela hora. De passagem, ainda atrasou dando uma prosa com Julinho, o filho mais velho de Pedrão, que ia de viagem feita a Traíras de Baixo, atrás de uma farinha.

Chegado ao rio, uma prainha depois do cemitério velho, Arlequim largou tudo no chão, sungou as calças, acocorou-se e, com os pés n'água, principiou a desemaranhar os espinhéis e equilibrar os pesos das nassas cheias de pó pela prolongada falta de uso.

Chateou-se de ter perdido o melhor da noite com Maria Calango. Ainda se fosse com Olho de Prata ou com Judia do Valentim dava por bem o perdido! Mas com aquela roxinha prosa, arriada de vez pelo Joaquim Macambira, filho do velho

Macambira, só escutando os desgostos lá dela pelo desprezo que o menino lhe dava, foi botar tempo no mato.

No fim, naquela mania burra de ser mais do que os outros, ainda pagou dois cruzados pela acolhida que o povo, mesmo chefe, pagava meio só...

Não faz mal! A bichinha que comprasse, depois, uma água de cheiro para ver se Joaquim Macambira se prendia mais por ela...

36

Apelido de Arlequim lhe veio quando representou de artista no circo de Alagoinhas em troca de um de-comer.

Foi há mais de vinte anos na festa de São Gonçalo.

Ele já vinha de fugida daquela besteira!

Daquela besteira... É! A coisa teve começo mais longe...

Na véspera do Natal de 1873, Julius Cesare Ruy de Cavalcanti, com todo esse nome pretensioso, pomposo e retumbante, quase erudito, transformado mais tarde, quando embarcadiço, simplesmente em Cavalcanti, já alferes da Força Pública Estadual, meteu-se de súcia com companheiros de farda e mulheres. Isso se passou em Salvador.

Sobreveio desavença atrás da Igreja da Conceição da Praia. Leonídia, uma mulher-dama da cintura fina, nunca se soube bem por que, deu-lhe com a sapatilha na cara.

Houve assuada dos parceiros.

Humilhação só foi crescer mesmo na Barroquinha.

Homem que apanha de mulher presta não! Leonídia estrebuchou na calçada e Cavalcanti desertou.

De primeiro, andou embarcado numa catraia lerda que fazia cabotagem pelas bibocas da costa, de Salvador a Aracaju, subindo de passagem a boca do São Francisco.

Em breve, Cavalcanti era um bom marujo, mas um dia, chegando a Penedo, um vizinho do professor Cavalcanti, responsável pelo nome safado de Arlequim, reconheceu-lhe o filho.

Dali mesmo, o medo foi afundando Arlequim pelo sertão.

Daqui para lá, o fujão parou em Alagoinhas, onde aconteceu o caso do circo. Durante esse tempo todo, mais o tempo que comeu aquele tempo, Arlequim só escrevia a um amigo de Salvador, alfaiate e funileiro, a quem devia um dinheiro pouco. Embora esse dinheiro nunca mais fosse pago, pelo menos nos trinta anos que durou a correspondência, não deixou de ser mencionado em uma só das cartas que davam notícias de suas andanças e aventuras.

Arribando de Alagoinhas, onde cometeu outra morte numa topação de feira, chegou aos sertões de Curaçá.

Em Chorrochó, povoado daquele sertão alto, deparou com uma pequena turba esquálida, faminta, esfarrapada, mas feliz.

A turba horrenda seguia os passos de um homem milagroso a quem chamavam de santo.

Estavam todos em festa, porque o guia, alto, magro, escasso de gestos, sóbrio ao extremo, vinha de volta de uma prisão na capital do Estado.

Percebendo, com a queda para o mal, refinada pelas atrapalhações, que qualquer forasteiro tinha admissão no meio sem ser preciso acordar nada do que passou, sentindo no ar bom acoito, tratou de tomar chegada.

Nas águas misturadas daquele rio de gente, chegou a Canudos.

Logo no dia da chegada, escreveu outra carta ao amigo de Salvador.

Essas cartas, sempre muito longas, com fumaças de romanceado, trinta e oito ou quarenta colecionadas por um cônego da Bahia, mais uns quantos cadernos de venda cheios de anotações em geral a lápis, muita coisa ilegível pelo uso do tempo, permitiram a reconstituição da história de um homem que ninguém sabe até que ponto tomou parte na guerra de Canudos.

Os cadernos, cheios de fatos interessantes e inéditos de uma das ocorrências mais extraordinárias da época, foram recolhidos por um tio do cônego, padre também, em buscas pelo interior dessas coisas antigas.

Embora Arlequim tenha sido militar e tivesse regalias entre os fanáticos, nunca foi dos chefes da rebelião. Embora tenha escrito tanta coisa, ainda que numa literatura rudimentar, nunca falou de sua própria ação, senão na dos parceiros de aventura.

O apelido era de seu agrado.

Tanto era que foi ele mesmo que o espalhou. Mesmo assim, só o assinou no fecho da última carta, datada de 28 de julho de 1903, do Cumbe, onde se tornou dono de tendinha.

Nessa carta, que também pertence aos arquivos do cônego, Cavalcanti explica como se retirou de Canudos, auxiliado por um mascate e dois jagunços, logo após a chegada de Moreira César. Explica, mas não esclarece se abancou por matreirice ou por ter sido fato a doença que o acometeu em uma perna.

Pela última vez também fala na dívida jamais solvida...

37

Quando o sol escamou as águas do rio, terminada a faina da pescaria, assentados os espinhéis e as nassas, embalado pela cantoria das lavadeiras batendo roupa nas pedras da margem, pernas cruzadas bem alto, barriga para cima, mãos atrás da cabeça no jeito de travesseiro, Arlequim dormia, sono solto, no fundo da canoa fateixada, sem se importar que a gente estivesse esse tempo todo falando dele...

38

Mané Quadrado foi quem deu o esparrame.
Partiu doido à cata do Conselheiro.
Todo mundo comendo feijão sem pimenta da costa porque Vila Nova dizia que não tinha nem um grão para remédio...
Quando acaba, o latão cheio, escondido lá mesmo na venda!
Não era só! E a rapadura que andava tão sumida que nem chefe tinha mais direito de tomar café doce? — Não há... não há... — repetia o ladrão do Vila Nova, mesmo para ele que tinha de fazer sempre tantas garrafadas! Desaforo do refinado!
Não há!? — E a ruma dela também encafuada que Tiago tinha visto de esperto que era?
Mané Quadrado entrou na igreja tinindo.

Taramela estava de conversa com duas mocinhas no canto da sacristia. Correu com as mãos espalmadas na frente dos peitos como para-choque de trem:

— Pode não! Pode não, seu Quadrado! O santo está comendo...

— Que lhe seja de muito bom proveito! — Quadrado entrou porque tinha ido para entrar mesmo.

O sacristão botou as mãos na cintura, bateu o pé no chão como só faz mulher no arrasto da zanga e voltou para junto das mocinhas, no santuário, balançando os quartos...

39

Mané Quadrado não gostava de Taramela.

Seu prestígio com o Conselheiro não era dos mais fortes, mas o pouco que tinha se podia dizer sólido.

Afinal, era o médico do santo. Dele e de todos.

Depois, aquele velhote enxuto que, quando caminhava, sacudia o corpo para a frente na cadência da pisada, não era homem para deixar guardado na boca o que fosse para sair nem jogar fora o que devesse ficar guardado lá dentro.

40

Intriga e prestígio eram o que dominava em Canudos.

No fim, o arraial, ainda chamado muitas vezes de Belo Monte, era uma corte com seus cortesãos civis e militares.

Trama bem engendrada, enredo bem urdido, surtiam grandes efeitos.

Qualquer um tanto podia cair em graça como em desgraça. Isso, da noite para o dia.

Curioso é que a sede dessa desorganizada organização não fora escolhida pelo Conselheiro. Aparentemente foi, é claro. O que o povo não sabia é que o santo já andava, há muito, posto debaixo da redoma da mística e conservado lá pelo seu estado-maior. Era um títere.

Por vontade dele, a sede teria sido Cumbe.

Depois de tanta peregrinação, depois de ter levantado tanta igreja e construído tanto cemitério, o Conselheiro elegeu a vilazinha ridente como sua morada definitiva. Elegeu, mas não adiantou nada!

Por motivos militares de longe farejados pelos chefes, Canudos oferecia muito melhores condições de inexpugnabilidade.

Como se vê, a guerra já era esperada e preparada de longa data.

Canudos era uma verdadeira fortaleza natural: o paredão de pedra que abraçava o arraial em dois terços de sua área só deixava para ser defendido, fácil, apenas o bocão formado pela banda do rio aberta em claro.

Sem mais nenhuma interferência do chefe supremo, o movimento tinha sofrido mudança total em sua finalidade. Toda aquela ideia primitiva de paz e congraçamento entre os homens, sonhada pela sinceridade sóbria do Conselheiro, havia se subvertido no fundo, embora conservasse a forma inicial.

Mas foi Pedrão, na época de maior prestígio, que dissuadiu o chefe de permanecer em Cumbe. Primeiro, pensou-se em Monte Santo, onde o mulato decidido chegou a construir forte barricada, levantando nas três léguas da ladeira vasto paredão semeado de oratórios e capelas fortificadas nos pontos estratégicos. Trabalheira de dois anos e meio.

Já estava tudo pronto para a mudança quando João Abade apareceu com a novidade de Canudos. Foi a primeira entestada dos dois. Abade ganhou com muita razão. Daí para cá, nunca mais o mameluco perdeu parada.

Foi preciso bastante jeito para convencer o Conselheiro da necessidade de mudar. Não se podia falar em guerra; então, acenou-se-lhe com o perigo da prostituição que grassava na terra eleita de Cumbe. Isso já foi plano do velho Macambira.

Não é demais frisar que Antônio Conselheiro já não tinha mais qualquer expressão prática. Nem mesmo lhe seria possível mudar o rumo dos acontecimentos. Evidente que o grosso do povo ignorava o fato. Os chefes mantinham-no na coesão imprescindível elevando cada vez mais aos seus olhos o símbolo vivo do asceta.

O mérito de Antônio Conselheiro se resumia na congregação inicial de um bando acéfalo que, sem dúvida, já era bando antes de se juntar sob sua bandeira, tal a desorientação de homens tão díspares, mas de tão grandes necessidades e afinidades comuns.

Além dos débeis mentais e miseráveis que seguiam seu chefe e guia desde os primeiros dias da grande jornada, elementos inofensivos por natureza, quase todos os demais viviam pelos matos, acuados de crimes decorrentes de outros crimes.

Mesmo com fim tão subjetivo, aquela marcha para um determinado oásis foi de máximo interesse geral.

Durante a caminhada, o decantar dos dias se incumbiu de fazer a triagem de tanta gente agrupada. A nata resultante, com todas as gamas de uma hierarquia diferente, foi que deu objetividade ao movimento terrível, desviando-o definitivamente de sua essência.

No fim, o velho Conselheiro seria o menos livre de todo o clã.

Esse é o infortúnio dos ratos que geram montanhas!

41

Quando Mané Quadrado afastou Taramela e se enfiou pela porta à esquerda do único altar, o que dava acesso aos aposentos do Conselheiro, já ia de decisão tomada.

Manhã seguinte, Pedrão foi incumbido de controlar os gêneros do arraial como se já estivessem em guerra acesa.

42

Horas depois, Vila Nova parlamentou longamente com o sacristão, ao pé dos fundos da igreja velha.

— Pedrão, não!

Taramela entrou. O vendeiro montou no Navio, o jegue que não dava por cem mil-réis, e largou-se para a casinha da situação que possuía meia hora de montada, rédea solta.

O sítio chamava-se Água do Jacó, que era o nome de todo o lugar em volta.

43

Quando as estrelas destemperaram, Pedro Roxo foi levar ordem a Pedrão: viajar até Monte Santo à cata de fumo, café e algum pano barato.

A cuida dos gêneros ficava por conta de Abade.

44

Taramela aproveitou o estrelado da noite e foi no rastro de Vila Nova.

Levava a notícia de alegrar: — Pedrão, não!

Ia a pé porque andar montado em animal era para menino novo...

45

O povo chamava Migueli de desinfeliz.

Da perna seca, não tinha outra valia senão tocar berimbau o dia todim.

Mas, quando o filho de Zacaria Sarrafo, com seu vintém ateado, vibrava a única corda estirada ao comprido da vara curva, com a tulipa de lata por baixo, conseguia extrair daquela cachaporra melodias bonitas, tristes como seus olhos de homem apartado.

Os dois dedos livres descendo e subindo macio pela corda de tripa, conforme a precisão de tirar som mais grave ou mais agudo, o sorriso morto pregado na boca sem dentes, o pensamento ninguém sabe onde, o pobre Migueli não arredava da janela que abria para uns alecrins mirrados, na beira da estrada.

A mãe arribou deixando-o pequeno. Ele mais a irmã.

O caçula dos homens, de entreparto, com nove anos já tinha ganhado mundo.

46

Zacaria Sarrafo vivia de pedição pelas casas. Pelo jeito, tinha espinhela caída e não podia caminhar passo parelha com o trabalho mesmo leviano.

Moravam em Água do Jacó, num casebre de junto da situação de Vila Nova, e só a andança até Canudos arreava o coitado do pedinte, obrigando-o muitas vezes a se subverter, pernoitando pelos cantos.

Nesses dias, Rita dava ao irmão doente um pedaço de jerimum cozido, um punhado de farinha seca, um pouco de leite de cabra — o que havia e quando havia — e ia dormir, deixando Migueli, o desinfeliz, às voltas com seu berimbau, sempre na mesma janela que abria para os alecrins da beira da estrada, até que o vento da madrugada apagasse a última estrela no céu.

Quando tinha rapadura é que ela gostava de fazer jacuba, desmanchando um torrão do tijolo em água empapada de farinha.

A caatinga é pobre também de fruta: todavia sempre aparecia alguma quixaba pretinha, um punhado de umbu ou duas mangabas de vez...

Na vazante do rio, muita coisa para cima da Volta das Traíras, podia-se colher um pouco de inhame da batata gostosa com mel de mandaçaia ou, quando Vila Nova tinha barato, com mel de engenho.

Quem tinha de ir arrancar o inhame era Rita. Caminhada longa, comia tempo e atrasava o pouco dos afazeres da casa.

Numa dessas caminhadas foi que o Joaquim Macambira viu a menina. De cima do barranco, largou a olhada na perseguição da bichinha, levantou carreira atrás dela, pegou-a bem na saída de uns facheiros e fez o que bem entendeu.

Como em Canudos essas coisas eram assim mesmo, Rita voltou como tinha ido e ninguém deu assunto de sustância nisso.

No arraial não havia coisa desconforme: só se falava um bocado era de Taramela, que gostava de um tudo. Mas também, para amostra, não se achava uma só virgem de mais de onze ou doze anos.

Tinha muito era daquelas velhas que já chegaram velhas...

47

Suando em bicas, apesar de a noite não estar quente, lá vinha o sacristão se abanando com o chapéu.

Na curva do casebre, saudou Rita.

Migueli não parou com o berimbau.

Mais adiante, Vila Nova esperava-o do lado de fora:
— Chega, sô Félix — foram entrando. — Boa hora! O café já está na chaculateira desde tempo rolado!

Chaculateira é a caneca comprida de lata onde se faz café de andarilho.

Sobre a fogueira, fervida a água adoçada com rapadura, é adicionado o pó de café. Não se usa saco para coar a infusão. Curioso é o modo de assentar a borra: levantada a fervura, o jagunço apanha um tição, sopra a cinza avivando a brasa e, num gesto rápido, mergulha-o na chaculateira. Com cuidado para não revolver a mistura, serve os cuités, na casca de coco seco.

Os dois amigos tomaram o café, picaram tabaco, acenderam cigarros de palha e se aprontaram para a conversa.

Sabedor do êxito da negociação — João Abade ficou sempre para fiscalizar os gêneros —, o dono da casa deu o dinheiro prometido:

— A cana o companheiro pode apanhar na venda...

Taramela ficou satisfeito com o pagamento. Começou a falar demais. Vila Nova escutava-o de bolina.

Precisava era de mulher dentro de casa. Ficava tudo à mão e tinha quem cuidasse dos trens. Até ali, Judia do Valentim foi quem se demorou mais uma coisinha. Quando, mês passado, desertou, Vila Nova cercou-a na rua com ameaças. Não lhe convinha perder a companheira que, além de clara, era bonita e, se não dava muito arrumo no negócio, também não era azonzada de todo e sabia economizar no peso e na paga.

Vila Nova demorou pensando na mulher. Pensou que com duas ameaças a teria de volta, por isso cercou-a na rua. O que não esperava foi o que aconteceu: no cerco, ela deu uma gargalhada.

— Ô gente! Se tu quer me sentar a mão, vai primeiro assuntar Pajeú... agora eu estou é por conta dele! Tu não vê logo? Sai, desespero! Vai vender suas farinhas pros arigós, cabra da peste, que nessa que está aqui tu não amunta mais nunca.

Pajeú fez papel miserável! Onde já se viu tirar mulher dos outros? Em todo caso, não era de bom aviso travar questão com Pajeú. Vila Nova deu a coisa por finda.

Terminado o pensamento que se apagou na revolta contra o chefe que um dia há de pagar a afronta, interrompeu Taramela:

— Agora eu preciso é de mulher!

Taramela entendeu. Olhou para cima, querendo catar mulher no teto de esteira trançada do alpendre:

— Olho de Prata?

— Olho de Prata não é mulher para dentro de casa.

Fora, os uauás riscavam com suas luzinhas intermitentes toda a baixada da várzea. O vendeiro sabia que Olho de Prata não podia ser. Perguntou sempre, mais por curiosidade:

— Seu Félix conhece ela?

— Dou confiança!... Para mim, mulher tem de ser muito fina...

— O que eu implico é com aquela mania de ir para o mato! Diz que cama é para dormir, rede, para balançar... É que nem cobra que se enrola no chão...

Vila Nova jogou o cigarro no sereno, aborrecido com o fumo pagão, e acabou de dizer dentro da cabeça: "Interesseira que nem você, filho duma égua!"

Taramela também estava pensando uma porção de coisas sobre Maria Olho de Prata. Despeito comendo solto porque lugar onde a rapariga não botava o pé era dentro do santuário.

A última vez que a viu na rua do meio, falou-lhe baixinho, com medo do povo. Não é que ela veio com aquele destempero todo:

— Uai, sô Taramela, e eu tenho cara de santa? Tenho nada que espiar debaixo de altar? Mode que o sinhô não vai tomar entretimento com seus badalo?

Desde então, quando Taramela apanhava a coitada da Aparecida no sossego da sacristia, aproveitava de a menina ter o jeito daquela risada e aquele cheirinho gostoso de umburana, fechava os olhinhos de porco e danava-se imaginando que a zeladora mais nova do Conselheiro era a mulata atrevida sem tirar nem pôr...

— É... tem razão! Aquilo, sô Vila Nova, não é mulher para dentro de casa. Presta só é para mascate de arribação...

48

Vila Nova tinha de chegar cedo na venda para atender João Abade, que, por arte do Cão, bem podia querer vê-lo pela manhã.

Pensou na companhia do sacristão para engambelar o estirão da volta, embora tivesse de andar a pé. Berrou para dentro:

— Sebastião!

Apareceu um beiçola negrinho.

— Você, manhã cedinho, me leva o Navio. Vou daqui com seu Félix. Diz para o teu pai que aproveite a viagem com uma carga de lenha e, se tiver fruta madura, leva também... —

virando-se para o outro, convidou: — Apois? Vamos? Baixou a torcida do lampião, soprou a chaminha de resto e desceu para a estrada agarrando com força o braço de Taramela.

49

Quando cruzavam em frente à casa de Zacaria Sarrafo, viram o fifó aceso.

Rita armava a rede, cantarolando o *Rio Jordão*, ao compasso da melodia do berimbau do irmão.

A menina, muito magrinha, muito maltratada, não era feia e, como não tinha apanhado barriga, parecia ter dez anos.

Vila Nova parou o sacristão:

— Outra coisa! Você por que não arranja a menina de Zacaria lá pra casa? — Taramela olhou para Rita também. Olhou para Migueli, entretido na janela com sua música:

— Rita?

— É! Depois a gente acerta...

— Né muito nova, não?

— Dessas não tem mau costume.

— Mas... sô Vila Nova quer para mulher também?

— É o jeito!

— Se é de seu agrado... — e Taramela subiu a encosta da estrada chamando de fora:

— Bichinha!

Migueli parou a música de estalo. Derramou um olho mudo para o sacristão. Rita atendeu assustada:

— Oi!

— Olha, você, manhã cedo, vai lá no arraial. Dá uma chegada na igreja e me percure. Tenho precisão, e muita, de falar com você.

Desceu, juntou-se de novo ao vendeiro e prosseguiram viagem discutindo os pormenores da nova transação:

— Lhe arrumo a Rita... mas o melhor é que o compadre Arcidino me desocupe a casa do beco, de junto de sua venda de baixo...

Migueli, que o povo chamava de desinfeliz, é que não recomeçou mais a toada interrompida...

50

Vendo Olho de Prata cruzar lá embaixo, assim como quem vai para o rio, João Abade lembrou-se do punhai que tinha trazido de Uauá. Corpo magro da mulata, peitos fartos numa empinação de barranco, pezinhos finos, sempre limpos, nas chinelas pequenas, cabelo preso, dentinhos de torar coco catolé, a saia vermelha de baeta, tudo apressou o passo do caboclo destemeroso. Num átimo, Abade apanhou-a:

— Maria, por causa de quê nós nunca se falou dereito?

— Uai, sô Abade, mode que você nunca tomou chegada... apois?

— É mesmo, gente!

Abade não tirava os olhos da boca da mulata. Mostrou-lhe o punhal no embaraço da fome das entranhas:

— Tu simpatiza com essa faquinha? Trouxe pr'ocê na...

— Mas porém isso é trem de homem! Agrado de mulher é água de arfazema... é sabunete... é corte de pano...

Abade começou a se irritar:

— Olha, Maria: vamos encurtar a conversa. Tu quer ser a dona desse negro feio que está aqui? Negro mais brabo do que o Cão?

— E eu não sou do uso do povo, gente? É só você querer...

— De noite, entonce, vou tumar um café c'ocê!

— Minha casa, não! Sou dama de meter homem dentro de casa? Povo sabe disso. Tá farto de saber! A hora que você determinar, nós se encontra nas favela. Dia claro e a meio cruzado!

João Abade já não podia mais de tanta humilhação. Com o punhal esgravatava o canto da unha suja:

— Tu é uma dona muito da besta! Tu não sabe que eu sou João Abade? Não sabe da fama de eu que corre mundo?

Maria riu cambando a cabeça para trás:

— Só por isso você quer dormir comigo? Tu tá é doido! Quem é que não sabe do repiquete da fama de você? Mané Quadrado também tem fama... Vila Nova também... Pajeú... Até João Grande! Que me importa lá? Desse mundão de gente, só não me conhece o Conselheiro e o cumpade Pedrão. Nunca ninguém avexou de ir nas favela... Eu é que não dou para andar prendida por homem nenhum que nem piranha de resto em lagoa morta!

— Tu não se atemoriza de falar assim comigo, peste? Tu não te arreceia de desmoralizar o macho mais teso de Canudo?

Maria riu ruidosamente:

— Porta lá! Medo de quê? Ou você pensa que só macho não se assombra de morrer? O mais que pode acontecer é você me furar com essa porquera, uai!...

Com a cabeça cada vez mais para trás, na gargalhada, Olho de Prata mostrava até a garganta:

— Quer ir nas favela, muito que bem! Se não quer...
— Deixa para lá! Menina... é mais melhor na sua casa...
— Arresolve logo!

João Abade não teve outro jeito senão ajustar nas favelas ao bater do meio-dia...

51

Com quinze dias de viagem, Pedrão não voltara ainda da missão do Conselheiro.

A demora só não espantava Arimateia, uma preta gorda, asseada, sempre de bata de renda, de cabeção engomado, mãe dos filhos do pernambucano destemido.

Tinha jeito de instruída e, todos em casa, inclusive o marido, aprenderam a ler com ela. Coisa rara em Canudos.

Mesmo João Abade, que se dizia ter sido educado na capital, não sabia assinar nem o nome.

A demora não afligiu Arimateia; conhecia o marido. Pressentimento de que alguma coisa não ia à feição para todos, sim!

E não ia mesmo.

Quando Pedrão chegou no Buraco de Fora, já na Barafunda, só onde se podia encontrar farinha doce (na várzea havia apenas farinha puba, danada de ruim), um regatão lhe deu a notícia que trazia de encomenda expressa:

— Na Bahia...

52

Botando sentido no sino, Maria Olho de Prata, lá em cima nas favelas, esperava a batida do meio-dia.

Apanhou um broto de juá e principiou areando os dentes com as folhas machucadas.

Cuspiu o suco amargoso, encaixou a toalha dobrada numa forquilha de árvore e ficou batendo as mãos, ora na frente, ora atrás, nas costas.

Nisso, viu uma cascavel assanhada.

Caçou um pau e já ia investir para a cobra, saia arregaçada, quando percebeu que o bicho vinha para o limpo maliciosamente trazido por um pequeno teiú.

Ligeira, subiu sem barulho de espantar no juazeiro, prevendo espetáculo.

Compôs o vestido num recato inútil, pedindo a Deus que Abade se demorasse ao encontro.

Foi quando a cobra saiu inteira para o claro aberto em largo. Enorme! Coisa para seis palmos!

Num salto, o teiú, entrando pelo outro lado do limpo, pôs-se em guarda, excitando a serpente com o abanamento cadenciado do rabo.

Os olhos da mestiça, cruzando-se com os pequeninos que formavam as duas contas negras, nervosas, do teiú, brilharam arregalados na expectativa do primeiro golpe.

Não tardou: a cascavel enleou-se em suas próprias roscas e setou firme em direção ao lagarto.

O teiú relampiou num salto, abrindo as mãozinhas no ar, rabo em riste, e escapou do ataque inicial. De volta ao chão, foi chicoteando forte a cobra, no meio do corpo, com a cauda comprida e maleável.

Logo os golpes que se seguiram levantaram poeira dos interstícios do quartzo picado que cobria o solo. As arestas das pedrinhas miúdas, ofendendo o couro delicado do lagarto, abriram-lhe pequenos lanhos.

Antes que a cobra preparasse novo assalto, o teiú deu volta ao inimigo, chicoteando-lhe agora pela esquerda, firme e precisamente. Dessa vez os golpes atingiram em cheio o rolo de escamas, desfazendo, aqui e ali, o desenho caprichoso da serpente. Então foi que o bicho se irritou deveras! O sonido desesperado do guizo erguido encheu a mulata de emoção.

Boca úmida, olhos mais úmidos, o arfar do seio farto era maior do que o dos lutadores.

E a briga foi tomando vulto e movimento. Golpe sobre golpe, salto sobre salto. Peçonha contra agilidade; raiva contra malícia; força contra destreza; desespero contra precisão... Dois, três botes seguidos da cobra eram respondidos de imediato com chibatadas tremendas e impiedosas que lhe trituravam a espinha no meio do corpo. A cascavel já dava mostra de fraturas.

Maria Olho de Prata, abarcando com os olhos todo o claro, não perdia uma só fase da luta. Sua cabeça era mais rápida na perseguição dos lances do que a ação violenta dos contendores. Adivinhava mesmo quando o iguana, percebendo a artimanha da serpente, forçava-a a permanecer no chão limpo, aumentando-lhe a desvantagem e estalando o relho natural de sua única arma.

Original esse gladiadorzinho! Pouco mais de palmo e meio de corpo propriamente dito — porque tem outro tanto de cauda —, dorso eriçado, papo cheio de ar, sem qualquer precisão, mesmo de sobrevivência, desde que a cobra, por várias razões, inclusive de muito menor agilidade, jamais toma a iniciativa de molestá-lo, não pode ver uma delas, seja qual for o tamanho, que não se resolva à luta. De tais pelejas, nunca o teiú sai incólume: basta um golpe ou um salto mal calculado no espaço ou no tempo para que o temível inimigo imobilize-o para sempre com uma só de suas picadas fatais. Vencedor, colhe os louros já tão cansado que, muitos deles, não sobrevivem. Na melhor das hipóteses, cauda em carne viva, estilhaçada pelas pregadas em falso, retira-se, deixando marcado de sangue o caminho até a loca de pedra onde vai em busca de repouso e recuperação. Luta pelo prazer de lutar. Nem é verdadeira a lenda de que, uma vez picado, cura-se mordendo certa raiz comum na caatinga e que, por isso mesmo, é chamada batata de teju, como também é ele conhecido em outras regiões.

Em cima da árvore, Maria Olho de Prata já havia desviado toda a bainha da saia vermelha que tanto agradou a João Abade.

Embaixo, a luta prosseguia feroz: pedaços de couro do rabo do lagarto voavam dilacerados a cada novo golpe. A cobra, alcançada por várias batidas, arrastava-se com mais dificuldade agora. Terminou por não tentar outros botes.

Então, o valente teiú, com a percepção do instinto, notou que se aproximava a hora final; numa reviravolta relâmpago, atingiu o extremo da cascavel, onde o guizo irritante emudecera de todo. Daí, emparelhando-se ao corpo comprido, voltas desfeitas pelas fraturas, correu até quase a cabeça, onde ainda flamejava a linguinha bifurcada e negra. Súbito, tomou direção transversal; saltou bem alto, como não era de se esperar após tanta fúria de luta, e atirou a cauda com toda a força que lhe restava no pescoço de sua vítima já inerme.

A mulata exultou mordendo os dedos.

Sem mais interesse pelo resultado que sabia completo, o lagartinho nem olhou para trás. Arrastando-se penosamente, afundou no mato junto a uma palmatória cheia de espinhos...

O sol já estava mais de banda do que boné da Força Pública.

Olho de Prata desceu da árvore, apanhou a toalha enrolada:

— Meio-dia!? — Onde foi já chegou!

Passou por cima da cobra que ainda se contorcia nos últimos fluxos.

— Valeu bem mais do que o meio cruzado de sô Abade...

Calçou as chinelinhas e desceu o morro...

53

Doido... doido... Zacaria Sarrafo varou a rua numa indagação pela filha.

Quando soube que a menina estava de gasto de um chefe, esfriou o sangue caminhando ponta a ponta do arraial!

Não adiantava!

Para não perder viagem, pediu suas esmolinhas.

Cheia a capanga de um tudo, meteu-se de volta-caminho antes de o sol empinar. Chegou em casa e foi encontrando provisão de amansamento que Taramela, sempre com receio de ser descoberto nos seus nojos, lhe mandou pelo menino da situação de Vila Nova.

Dentro do rolo de carne, muito mascarado, Sebastião Beiçolinha tinha trazido um frasco de cachaça fingindo querosene para a bicada da consolação.

Migueli é que não quis mais saber do berimbau. Deu de zanzar pela casa, pelo terreiro. Olho de corujão encafuado, saltava na perna sadia levando a outra de rastro como toco de corda de cabrito fugido.

54

Na Bahia... — começou a contar o regatão, sentado numa prensa de farinha — a questão de Uauá foi tomada como rebelião aberta e as providências iam ser grandes para arrasar Canudos.

Pedrão ouviu calado.

O mascate explicou que vinha trazendo recado de Queimadas, na carreira.

Zico Jurema, o Zozó, é que tinha mandado.

Lá, desde a virada do mês, só passados doze dias da briga de Uauá, já estava acantonada uma força de cem homens, comandados pelo major Febrônio, do 9º Batalhão de Infantaria. O major era uma peste de dureza — foi o que mandou dizer o deputado amigo do Conselheiro. Vinha também um tal de Andrade, que só não assombrava defunto.

Isso tudo é o que se dizia, mas Zico tinha a tropa para cima de trezentos praças.

Pedrão tirou o cigarro da boca. Cuspiu longe, de esguicho.

O informante prosseguiu: não vinham logo porque estavam esperando ainda mais gente do Rio de Janeiro, com canhão e tudo! Zozó soube mais, por um tenente que lhe comprou um chapéu no armazém, que esse magote vinha composto de quinhentos macacos, dirigidos por um velho de barba branca chamado coronel Neves.

Pedrão descalçou a alpercata e, com as unhas dos polegares, espremeu uma borbulha na banda do peito do pé. Cuspiu longe outra vez.

— E esse deputado?

— Nem de Nosso Senhor nem do Cão...

Pedrão balançou a cabeça:

— E é só de recado?

O regatão fez que era.

— Tá bão!

Duas matutas estavam curiosando de longe. Pedrão chamou:

— Uma menina dessas! Desce lá na rua e chama Romão mais Tibúrcio mais Cesarino. Se meu filho Julinho ainda não tiver arribado para o arraial, chama ele também.

Continuou às voltas com a borbulha do pé. Depois, recomendou ao regatão:

— Vai a Canudo de ponta-cabeça e diga para a mulher...

55

Noite escura.

João Abade topou com Maria Olho de Prata na entrada do bequinho onde a rapariga morava.

Ela foi logo no destempero da língua:

— Tu, quando quiser fazer safadagem, mais melhor caçar mulher sem-vergonha! Eu é que não estou para me largar no mato o dia todo que nem cabeça-de-frade!

— Maria, tu me adesculpe! Sô Conselheiro mandou eu tumar tento nos de-comer do arraial...

A verdade é que, se Abade quisesse, tinha ido ao encontro marcado nas favelas. O orgulho de chefe maior, título que andava querendo substituir pelo de comandante da rua, já encomendado a Taramela, a troco de muita valia, é que tinha estragado tudo.

Mas agora, ali pertinho por via da escuridão, sentindo o calor da boca da mulata no peito aberto, se arrependeu da tratantada que tinha feito.

Subiu uma quentura pelos vazios que não foi possível suportar.

Ficou um tempão calado, só vendo o brilho daqueles olhos.

— É... o povo é que tem razão! Tu tem é prata desmanchada no fundo desses ôio...

— Que que me interessa isso? Comigo é que tu não faz doutra!

— Vamos entrar uma coisinha! — Abade pediu cheio de mansidão.

— Tá besta!

João Abade não conversou. A quentura que vinha dos vazios destampou de uma vez. Cravou-lhe os dedos nas carnes dos braços. Tombou-a no chão do beco e foi rasgando tudo o que foi pano que encontrou.

A rapariga xingou cheia de raiva:

— Cabra da peste! Vai... vai...

Abade tapou-lhe o grito com a boca. Durante algum tempo, só se ouviu foi o rumor da luta. O mameluco bufava mais do que boi ferrado. A dona gemia baixinho.

Quando se levantou, descalça, esfregando os braços magoados, a recompor o desalinho do vestido, dos cabelos, o homem tinha sumido dentro da noite.

— Lugar de galo é no meio das galinhas, peste do diabo — excomungou.

Mas, lembrando que, na onda de raiva, havia proferido o nome do Sujo, benzeu-se depressa.

Depois riu:

— Té que topei macho nessa terra de sacristão!...

56

Taramela tinha tomado um grande porre com a caninha danada de macia que Vila Nova tinha lhe pago pelo favor de não ter deixado Pedrão se envolver no seu mercado de gêneros e mais ainda por lhe ter metido mulher em casa.

O sacristão, bucho cheio, não achando outro pouso, foi dormir com Judia do Valentim.

Quando estava bêbado, tinha o bom-senso de não aparecer ao Conselheiro. Tal era o horror que o santo tinha por álcool que um dia, só porque lhe vieram contar que dois mercadores andarilhos acamparam do lado de lá do rio com quatro jegues, levando um carregamento de cana da boa, de alambique de barro, e estavam fazendo seu negócio muito no bem bom, mandou chamar João Abade e Pajeú e deu sua ordem.

Os dois foram até lá assim como quem queria também tomar uma bicada.

Puxaram conversa de ignorância e ficaram sabedores que o preço era alto porque a coisa tinha de ser feita escondida, fora do arraial.

Aí João Abade chamou todos os jagunços que estavam na demora da bebida, no acanhamento da presença do chefe, contou a ordem do Conselheiro, jogou a cachaça no rio, confiscou os animais e mandou Pajeú castrar os vendedores botando cinzas quentes em riba do ferimento para não virar bicheira.

Pajeú fez trabalho de apresentação.

Meia hora depois, estava o bonito pronto.

Isso é o que o povo contava, porque, nessa noite, correu tanta da cana no reservado de Vila Nova que os chefes nem faziam mais conta dela...

57

O regatão chegou com o baú cheio de sortimento.

Procurou Arimateia e deu-lhe conta do recado do marido.

Contou a novidade de Queimadas, mas recomendou que não se falasse do assunto enquanto Pedrão não regressasse. Coisa de três ou quatro dias.

Pediu que, se Julinho já estivesse em casa, tornasse direto para Monte Santo, aquela noite mesmo. A ordem era essa.

Não carecia pousar na Barafunda, que já não encontraria o pai por lá.

Julinho foi.

58

Maria Olho de Prata apareceu toda gabola, com uma volta de ouro trazida pelo regatão.

João Abade foi quem lhe prendeu o mimo no pescoço, na hora de dormir, depois de acarinhar as pisaduras dos braços, da barriga, das coxas.

No quarto tinha pano novo, água de alfazema, tinha sabonete cor-de-rosa.

— E eu que ignorava que essa conversa de vadiá nas favela é só pra cobra cascavé mais pra teú?!

A rede cheirosa, branquinha e bojuda, ficou balançando pra lá e pra cá...

59

Domingo, Pedrão chegou.

Contou à mulher o que se passava. Contou macio, sem escarcéu, por inteiro.

Espalhou os filhos na convocação dos chefes guerreiros, banhou os pés na lata que Arimateia trouxe e tocou-se para a igreja velha.

Abriu a porta da camarinha do Conselheiro, fechou-a após si na cara de Taramela, que vinha na sua pisada.

Quando João Abade, Julinho, Pajeú e os Macambira — o pai e o filho — chegaram, Antônio Conselheiro já estava ciente do grande e do miúdo.

Então, o mulato da cara quadrada explicou muito devagar como tinha agido.

Nem esperou que o sacristão trouxesse as imagens para o beija.

Sabedor da notícia que o mascate trazia de marcha batida, da casa de farinha de Buraco de Fora mesmo, tomara as primeiras providências: despachara Romão mais Cesarino, com todos os cabras que pôde recrutar na roleta da pressa desde Barafunda até Monte Santo.

Vinte e oito ao todo.

Despachara-os como atalaias avançadas, quatro léguas de caatinga adentro, no rumo de Quirinquinquá.

Dali, enquanto tivessem armas e munições, prosseguiriam afundando caminho até onde se desse o encontro com a tropa legalista.

Enquanto tivessem armas e munições, não só as que levassem como as que fossem topando de posse da jagunçada encontradiça, já prevenida delas. Assim iam engrossando também o número de combatentes.

Calculava que o encontro fosse uma coisinha para cá de Tanquinho.

O avanço deveria ser feito na malícia da emboscada.

Pedrão recapitulou o ensinamento da terra; avançar por dentro do mato, sempre ao comprido da estrada. Cada homem em separado. Não tanto que se perdesse do pio da taquara do companheiro mais próximo, nem tão de junto dele que não pudesse atirar avulso.

Tiro ao fio da força para não desperdiçar munição vasqueira com risco de ferir parceiro. No escuro, só atirar na certeza do tombo.

Com o progresso do inimigo avançando em direção ao arraial, o que não era possível ninguém estorvar, a posição de cada jagunço havia de se tornar menos à feição. Cada vez que isso acontecesse, o cabra devia se afundar na caatinga, sempre avisando no pio, dar volta por trás dos companheiros e se colocar mais adiante, tomando nova posição no caminho dos macacos.

Aí, tratasse de catar um pé de pau mais folhudo ou um buraco no chão — o que encontrasse de melhor — para recomeçar no tiro de novo.

O que não podia acontecer é que os soldados viessem a descobrir de onde partia a bala. Para isso, não careciam ser apanhados nem vivos nem mortos.

Pedrão recomendou que, nesse movimento de rodízio, viessem trazendo a força. Afora as baixas que haviam de se dar, isso já entravava bastante.

É que soldado, ainda mais carregado de tarecos e canhão, só caminha na largura da estrada. Mais serviço, recomendado a Romão e Cesarino, foi que não deixassem os atacantes abrir claro no meio lá deles.

O mulato, vendo todos calados numa compreensão de aprovação, começou a explicar como tinha determinado, depois, já de volta, a defesa mais próxima, sobre o paredão de pedra do morro da Favela.

Então, João Abade interrompeu-o:

— Mode que precisa juntar homem lá em cima? — É que o arraial, por ali, era sabidamente inexpugnável. — Para entrar em Canudo, a bem ou a mal, só haverá de ser pelo rio! Homem lá em riba é homem fora de guerra...

Pedrão se agastou:

— Vão trazer canhão, eu não já disse? A crista da pedra é que tem de ser apoio de arma pesada! Peso de roda é que não travessa na areia do fundo do rio.

— Mais melhor guarnecer Monte Santo!

— Na Favela... — Pedrão ia prosseguir quando Abade insistiu:

— Por mim, eu preferia guarnecer Monte Santo! Mas sô Pedrão é que é o chefe agora...

Pedrão exclamou:

— Não tem é chefe nenhum! Não deixei ninguém em Monte Santo porque ninguém é burro de, podendo atacar nós direito, vai fazer visage para quem não tem nada com isso! Eles tá pensando que a coisa é só em Canudo, será que vocês não tá vendo isso não? — e terminou mais zangado ainda: — Eu quero é continuar no que ia dizendo...

Lá em cima da Favela, Tibúrcio já estava escoteiro. Levando munição e boia pelo menos para uns vinte dias, deviam subir logo, mais dez ou doze jagunços.

Virando-se para Abade, Pedrão arrematou:

— A beira do rio a gente defende cá de baixo... nem é coisa de incômodo para já.

Exposta a defesa sumária, Pedrão levantou-se, tomou a bênção ao Conselheiro e saiu sem outras formalidades.

Na rua, João Abade o alcançou:

— A mode que sô Pedrão já arresolveu tudo sozinho... E nós? Nós não vale de nada? Nós fica fazendo renda?

Pedrão parou.

Considerou o companheiro de luta, sua lealdade. Valente como ninguém.

Pedrão costumava considerar sempre uma porção de coisas quando era interpelado, mesmo por assunto de somenos, antes de dar resposta.

Sentiu ter magoado a vaidade do cabra, mas, dali por diante, era de esperar que não faltasse ocasião para demonstrar o quanto apreciava seu valor. Quem não sabia que dias negros se aproximavam? Claro que os chefes não iam ficar fazendo renda:

— Quando a gente quer tentear gordura de capado, que que a gente faz, Abade?

Abade ficou vendo o parceiro apertar a cara. Pedrão prosseguiu:

— Primeiro, enche o bucho dele de folhage... apois, não é? Então é que se dá milho para ele comer. Tu é milho, cabra! Milho do bão! Não carece ser gasto para matar fome de arrancada...

60

Quando Pedrão entrou em casa, Arimateia servia os filhos.

Munguzá e bolachão. Sobriedade de jagunço.

Pedrão só quis uma caneca de café. Acendeu um cigarro grosso, soltou fumarada para cima e ficou olhando os filhos: Julinho, semente de Jatobá; Joãozinho, uma criança; Miguel, ainda cheirando a leite...

O do meio estava com nove anos, mas já sabia carregar uma espingarda.

Pedrão pensou no que João Abade tinha dito de Monte Santo. Quem sabe se os legalistas pensavam em fazer ali algum quartel? Abade até podia ter razão... Agora, não havia chefe! Pedrão não tinha orgulho. Voltaria a ordem atrás, desde que fosse em defesa geral... Abade mesmo podia desmanchar o que estava feito... Era preciso guarnecer Monte Santo também! Decidiu-se. Chamou o filho:

— Julinho; fale com Abade... acho que é preciso você voltar a Monte Santo...

Pedrão pensava naquela subida íngreme, talhada na rocha viva com tanto sacrifício, violentamente murada, uma capela aqui, outra acolá... Oratórios que eram mais guaritas, colocadas por muita astúcia nos pontos em que estavam dormindo desde o princípio de tudo aquilo... Subida de meia légua até lá em cima.

Ele mesmo foi quem deu aquele rumo prevenido no acesso ao morro no contorno do despenhadeiro, na localização dos oratórios... Foi logo o que fez quando resolveu sair de Cumbe...

— Nhor sim, pai!

Então, o velho explicou o que Julinho tinha de dizer a Abade. Podia comandar um lote de vinte ou trinta cabras. Levassem boa matulutagem e armamento de segurança bastante. Duas ou três Comblains das tomadas no Uauá para os cabras mais arreliados. João Abade determinasse quantos homens, escolhesse os companheiros para o filho, o que achasse que devia ser mais...

— Tu trouve o aió da munição que eu deixei no Buraco, menino?

— Trouve!

— Leva ele. Deixe o velho para meu governo...

Julinho se despediu sem preocupação e sem vaidade de ir comandar. Se tivesse de ser comandado, seria a mesma coisa. Tinha de ser! Uma fatalidade...

O segundo filho quis ir com o irmão:

— Pai, já tô cum treze ano...

Pedrão não respondeu logo. Achou graça naquele aumento de idade. Safadeza de garoto...

— Pai...

— Assunte tua mãe!

Arimateia olhou para fora.

Olhou em direção aos mortos ásperos como carantonhas de um tempo sumido; Cambaio... Cocorobó...

Os olhos da preta, numa varação de distâncias, furaram aqueles montes por onde, um dia, havia de chover bala.

Pressentimento do inevitável cozinhou mais nos olhos abúlicos: ia chover tanta bala que o arraial havia de se transformar em alcanfor...

Os peitos largos cresceram dentro da bata de renda, muito alva, muito engomada. Lá bem do fundo, vinda a modo de onde tinham sido gerados aqueles filhos, a voz saiu rude, arranhando na garganta:

— Vai!...

A voz não era dela. A voz era daqueles milhares de almas, todas mães, todas maridos, todas filhos, que ali estavam conglomeradas, conscientes do fim fatal, inexorável; prontas para banhar de sangue a caatinga sem termo, parda, estéril, agressiva como as misérias da vida...

— Por quê? Para quê?

— Porque era assim mesmo... Tinha de ser assim mesmo...

Arimateia nem se voltou para dar a bênção da partida. Os olhos prosseguiram furando os morros numa varação de distâncias: Cambaio... Calumbi... Cocorobó...

61

Dias depois, Julinho regressava com os companheiros. Monte Santo já estava de posse dos macacos!
De Romão e Cesarino, nenhuma notícia.
Pelo que o irmão — o que já estava com treze anos — conseguiu assuntar, imiscuindo-se entre os moradores do lugar e a soldadesca, desarmado para passar como um tabareuzinho vulgar, o estrago dos atalaias tinha sido considerável: mais de cinquenta baixas!
Julinho consultou o pai se tinha agido bem por voltar sem oferecer briga em condições tão desfavoráveis.
— Quando uma barganha não promete benefício — respondeu o pai —, o melhor é desmanchar o ajuste!

62

Da janela pequenina de sua morada, num dos bequinhos mais estreitos e desordenados do arraial, Judia do Valentim estava observando um espetáculo bonito, olhando para cima do paredão da Favela.
Achou tão bonito que se esqueceu por um instante de suas dificuldades. O fato é que, desde que mandou Vila Nova tomar banho de soda, vinha atravessando um mau pedacinho de vida. Pajeú só lhe dava presença de homem. Essa vaidade de andar metida com chefe, não resolvia nada! Ficava era mais presa, sempre no alevantamento do susto, e nem por isso deixava de gastar seus cruzados para comer.

Lá na crista do morro, recortados no enorme disco da lua que vinha coroando a elevação agreste, justamente por trás da escarpada mais inóspita, apareciam os dois chefes gigantescos.

Inspecionavam o local conhecido demais.

Trocavam planos de guerra debaixo daquela lua que largava o azul frio de sua luz pelos tabuleirões sem fim.

O mameluco escuro, quase preto, novo, destemido, e o mulato do peito descomunal, já grisalho, valente por igual, mas metódico e ponderado, de uma decisão que espantava, eram os dois maiores e mais corpulentos homens daqueles arredores. Os verdadeiros líderes de um povo que confiava por necessidade de sobreexistir e por atavismo.

Por algum tempo ainda, Judia do Valentim viu os dois imóveis.

Depois, eles foram indo embora e, com o movimento vagaroso, pareceu que os soberbos perfis de nanquim baixavam dentro da lua.

Por fim, só eram vistas as silhuetas dos dois chapéus colossais.

Sumiram.

A mulher ficou pensando no pai, desaparecido no cangaço; na mãe, lá em Sergipe; nos irmãozinhos soltos por esse mundão de Cristo. Mas não tirou os olhos daquele pé de lua de todo o tamanho.

— A vida só presta para aqueles que o Senhor do Bom Jesus agasalha!

63

De volta do arraial, Abade foi logo mandando chamar João Grande, no Mulungu.

Depois que Pedrão conversou lá em cima com Tibúrcio e com Agostinho, um menino chegado de Monte Santo com notícias novas, mudou de ideia e acabou concordando com João Abade: não se podia guardar os chefes para hora de mais tiro! A coisa estava ruim de uma vez!

Agostinho contou: em Monte Santo, festa comia solto há muitos dias! Rolava tempo que a tropa tinha chegado de Queimadas não se importando mais com as baixas sofridas pelos ataques fantasmas dos homens de Cesarino e Romão.

Os macacos — essa que era a verdade — se largaram na afronta da vitória ainda não conquistada.

Era a primeira notícia certa, chegada dos atalaias que Pedrão despachara para fustigar os soldados na avançada. Felizmente, os jagunços não sofreram qualquer perda, e, se Romão apresentava aquela brecha no pé do ouvido, foi de queda que levou só de avexamento.

Até mesmo quando o comandante Febrônio, desesperado com tanto tiro vindo do eco do mato — ora um de cada vez, ora uma porção deles juntos —, sempre derrubando um praça, sempre partidos ninguém ficava sabendo de onde, mandava sua gente carregar duro para fora da estrada, em qualquer rumo maluco, os macacos, poucos metros adiante, topavam com as barreiras de jurema que lhes rasgavam as fardas e faziam tombar as carabinas.

Até planta desarmava a fraqueza do governo!

Então, em lugar de mais tiro de pontaria, ouvia-se uma zuada de vaia e gargalhada.

A escachação também vinha como as balas misteriosas de dentro dos ocos, sem direção.

Mas, como Agostinho ia dizendo, em Monte Santo a força estava repetindo o mesmo erro de Uauá. Ingênua e pouco prudente, ia se enfraquecendo na pisada da moleza, supondo que jagunço era só o povo de Canudos e que só tinha vindo combater contra a gente do arraial.

Mesmo graduado, abria-se em perguntas de mulher, contava planos, mostrava seus dois canhões, suas metralhadoras, tudo, no orgulho besta de homem.

Bem alojada, nas melhores moradas do lugar, não tinha grande pressa para o avanço definitivo. Até pelo contrário: quanto mais demorasse a ordem, melhor! O que não faltava em Monte Santo era mulher-dama para distrair soldado. Já chegavam de fora mais delas! No dia em que Agostinho partiu, estavam no caminho quatro bichinhas. Vinham de mudança de Queimadas e Serrinha.

Agostinho ficou foi com pena de não ter parado um átimo. Não fosse a obrigação e até que aquelazinha da cintura fina servia para um resguardo de vadiação.

Mas o rancho escasseava. Com a pindinga entre os comandantes e com o vai não vai do tal doutor deputado que andava junto com a tropa, o comboio dos trens encravou entre Queimadas e Monte Santo e nada de aparecer no seguimento dos legalistas.

Agostinho contou mais que o inimigo era tão imprudente a ponto de recrutar entre os da terra guias e bagageiros! Seu Raimundinho foi um; Pocho Calango, outro... Nem perceberam um pombeiro que passou de carreira só para levar a João Abade mais recado de Zico das Queimadas: "Os legalistas levavam muito armamento, mas pouca munição..."

64

João Grande não era dos chefes. Era um aríete de campanha!

Cafuz de força e agilidade sem medidas, cruento como Pajeú, primitivo a ponto de não preferir palavras, senão grunhidos.

Era desses que lambem a faca depois de sangrar.

Dentes em ponta como se fossem todos caninos, mesmo quando armado apenas com sua comprida faca de arrasto, era uma figura aterradora!

Morava só, numa cabana dentro de um entrinçado de macambira e favela.

Não aparecia em canto algum sem que fosse chamado, mas, para chamá-lo, era preciso portador destemido.

Quem foi chamar foi Joaquim Macambira. Trouxe-o direto para a casa de João Abade.

Quando Maria Olho de Prata viu o orangotango vestido num velho casaco de couro, chapéu e perneiras de couro cru, também caçoou:

— Sarve, seu João Grande! Cada vez mais faceiro! Deu vorta em arguma menina?

A resposta foi um urro que tanto podia ser um sorriso como uma ameaça.

Abade disse-lhe:

— Cabra do governo vem aí de estrada batida. Um mundão deles... Diz que é pra queimar Canudo como quem bota fogo em cunanã seco e passar na faca eu mais você, mais o Conselheiro. Tu quer que eles mate o santo? Tudo vem de doido como mocó na arribada. Macaco já tá em Monte Santo se acabando nos festejo da folia...

João Grande mostrou os dentes todos num arreganho de boca. Abade continuou:

— Mandei le chamá mode levantá assunto: tudo que é um cabra da moléstia quer abancá pras banda da segurança ou ficá mais nós de prepósito feito de morrer de tiro maluco? O animal levantou os braços em cruz por cima da carapinha crescida e desandou a pular.

—- Sangra tudo... sangra tudo... sangra tudo...

Olho de Prata, derreada na rede, só exclamava: — Virge!

Abade riu também. A faca do negro, amarrada com muitos pedaços de barbante, balançava-se na cintura. Quase quatro palmos de lâmina!

O chefe mandou que João Grande fosse à igreja velha onde Pajeú preparava um lote de jagunços para fazer uma bonita espera aos meninos do governo na garganta do Cambaio, onde pedra era muita e não faltava socavão para a emboscada.

— Avia, João Grande! Pajeú tá fazendo passo de viajar esta noite...

65

Fez passo e viajou mesmo!

Pajeú levava o plano do astucioso Macambira, recomendado entre os catarros do velho, muito bem sabido. Não havia que errar: tiro sempre de cima para baixo, sem lugar certo de sair. Representação de jagunço era bala; não havia carência de homem se amostrar no claro. João Grande ficaria menos avançado, já na saída da garganta, no silêncio do picuaraçá que o povo chamava Luzia Cavalo. Ficaria ali com trinta homens para quando os soldados já tivessem passado mal e mal pelo crivo de Pajeú. Mas, mesmo no ataque final, nada de brigar em estrada aberta!

Na quebrada da lua, armados e municiados do melhor que havia, duzentos e muitos homens se foram em cambada.

Atravessaram o rio a vau, tomaram pela esquerda para contornar a Favela e sumiram na boca dos escuros para as bandas de Ipueiras.

Quando Taramela sapecou as badaladas da meia-noite, o som foi cruzar com Judia do Valentim. Olho mais fundo d'água do que bromélia em madrugada de orvalho, saudade entalando na garganta, a mulher vinha de volta-caminho, variada como menino vadio na caça de quixaba-doce...

66

De Luzia Cavalo, há tempo rolado, só restava fama.

Foi mulher bonita — dizia a lenda. Tinha o couro da cara mais macio do que ingá maduro e aquele mesmo branco de leite. Por cima, sabia do grande e do miúdo. Boa como uma santa, dava jeito em qualquer confusão. O nome seria castigo de alguma sina má! No fino das pernas e dos braços, lá nela vinha crescendo um pelo duro, amarelo, que nem de bicho. Terminava as pontas do corpo com uns cascos, sem tirar nem pôr, de um cavalo alazão...

67

Logo no dia seguinte do acampamento dos legais em Monte Santo, apareceu um moleque mestiço de onze para doze anos e se meteu entre a soldadesca.

Chamava-se Humberto e tinha um cachorro pequeno, sujo, magro, faminto, sem nome.

Os soldados é que batizaram o cachorro de Valoroso.

Humberto não sabia de nada: era dali de trás... o pai estava pras bandas de muito pra lá... morava numa baixada de mato depois da outra serra... não sabia onde a mãe estava... o que era Canudos... onde ficava...

A hora do rancho, sabia! Ao toque da corneta do preto Salustiano, surgia com a marmita dele e do cachorro. Comia e ficava perguntando como é que aquilo atirava, que nome tinham aqueles trens, quantas balas entravam de uma vez no buraquinho da metralhadora...

De cada visita, levava sorrateiramente para uma loca distante um punhado de munição no bolso. Mas Humberto só levava da munição especial para uma carabininha maneira que ele achava muito bonita e jeitosa. Um dia, cabo Almir lhe disse que a arma chamava Mannlicher. Desde então Humberto não se esqueceu mais: Manicha! Cabo Almir foi quem lhe ensinou a lidar com a arma. Certa tarde, boquinha da noite, permitiu-lhe até fazer tiro ao alvo. Luta foi encaixar-lhe a coronha no ombro! Por fim, a bala passou tão distante do facheiro visado que a brincadeira foi suspensa para proteger algum transeunte ocasional...

O dia em que Humberto ficou satisfeito com o balanço de seu pequeno arsenal clandestino apareceu para o rancho da tarde sem marmita. Antes que lhe oferecessem substituta, saiu correndo com Valoroso para procurar a sua:

— Guarde meu rancho, Lotério — pediu ao anspeçada —, volto já!

Ao passar pelo corredor onde alinhavam nos cavaletes as Mannlichers, no tombo do passo, colocou aquela muito escolhida ao comprido do corpo e, sem diminuir a carreira, varou a rua já num começo de fusco e caiu no mato.

Chegando à sua loca, estacou ante o imprevisto: bem no caminho, no meio daqueles desertos, entre uns cansanções, resguardado por macega rasteira, viu cabo Almir agachado, cinturão por terra, com uma folhagem escolhida nas mãos.

Humberto tentou ocultar a arma que trazia à bandoleira. Inútil! O cabo percebeu de relance a perigosa traição. Rápido, atirou-se à garrucha no coldre ao lado. Tarde. Uma detonação seca e um silvo agudo, quase doce, imobilizaram-lhe o gesto.

O menino saltou de lado, apanhou o cinturão do cabo, a munição, a garrucha — um revólver moderno —, correu à loca enfiando pelo pescoço as alças dos três aiós cheios de bala colecionada e, antes que o tiro o denunciasse, desapareceu no mato.

Valoroso seguiu-o mais ligeiro do que o vento que começou a cair, abanando as folhas do cansanção salpicadas de sangue quente...

68

Esse Humberto era o filho de Zacaria Sarrafo, irmão de Rita e de Migueli do berimbau — o que o povo chamava de desinfeliz —, que, com nove anos, já tinha ganhado mundo...

69

Assim como havia, em Canudos, Casas Vermelhas, o povo chamava de Fiapos uma espécie de bairro afastado.

Casas Vermelhas ficava no extremo da rua do Campo Alegre e de Fiapos, o ajuntamento de taperas separado do grosso das moradas e do comércio de Vila Nova por um tabuleiro de chão puro, do outro lado, na beira mais longe do rio.

Guardadas por uns pés de araticum — a única vegetação do arraial — viviam as quatrocentas pessoas mais pobres do povoado.

Mesmo assim, Fiapos não distava mais do canto da igreja velha do que a voz de um grito.

Lá, morava Mané Quadrado, sempre a tratar de febres, de tumores, de pontadas.

Sua casa vivia cheia de chás de pajeú, garrafadas de outras folhas, infusão de jurubeba, sebo de bode para as fricções e toda a panaceia de seus conhecimentos e melhor boa vontade.

Mané Quadrado, dos chefes, era o mais arredio. Tinha suas ideias aloucadas. Primeiro, cismou de fazer uma padaria em Canudos. Tinha visto, não se sabe onde, um pão de massa, e foi daí que lhe nasceu o plano. Só quando padre Alberto, vigário de Cumbe e amigo do Conselheiro, lhe disse que pó de trigue não se achava nem para as suas hóstias, foi que desandou do propósito. Conhecia planta como ninguém. Sabia preparar mezinhas e cortar antrazes com perícia, e, se não fosse ele, o sino da igreja nova estaria emborcado no chão até hoje...

Mas veio a guerra...

Com a mesma habilidade e imaginação, o velho esquisito transformou os Fiapos em arsenal: fabricou pólvora de boa dosagem com o carvão, o salitre e o enxofre dos arredores; botou logo na cadência, dias inteiros, malhos e bigornas, não só para os ajeites das armas brancas, como para a recuperação de velhas espingardas e até mesmo fabricação de novas, bacamartes rudes, fáceis de aceitar pelas bocas famintas de ódio e sangue qualquer tipo de munição — aparas de ferro, pedrinhas roladas...

Dente de ferro, ainda que fosse um facão Jacaré, sumia na sua mão como milho em galinheiro.

Só do que Mané Quadrado não gostava era de falação de republicano...

70

No dia 12 de janeiro de 1897, passada a primeira chuvinha de peneiração que caiu pela manhã, a força acantonada em Monte Santo seguiu finalmente para seu destino.

Dois dias depois, sem novidade aparente, abivacou nas Ipueiras.

Até aí, só a remoção dos canhões entravou a marcha que, com os progressos do acidentado terreno, ia se fazendo mais e mais ronceira. Cá e lá, era preciso preparar chão para as rodas finas dos engenhos modernos e nas rampas fortes, puxá-las com cordas para ajudar os animais.

Eram apenas dois pequenos Krupps.

O bivaque decorreu tranquilo, embora a observação oculta de muitos olhos espalhados pela galharia seca dos arredores.

Pela manhã é que a surpresa estalou: os cargueiros e os guias contratados em Monte Santo haviam desaparecido com quase todas as provisões de boca!

Raimundinho e Pocho Calango sumiram de uma vez, sem deixarem nem rastro...

Dentro da neblina, as soldados de Febrônio não distinguiam de onde vinha tanto estalido de galho seco nas catanduvas que se perdiam pela várzea sem fim...

71

A força alcançou a garganta que dava passagem na serra do Camboia.

Agora é que precisavam correr. Sem boia, não se podia protelar nada!

Manhã cedo, o sol ainda não triscava nas pedras imensas que abrigavam o troço de Pajeú.

Febrônio deu ordem para a manobra, espremendo sua gente na entrada da garganta. Nem pensava mais naquelas luzinhas mortas no embaciado do sereno que nem fogo de cemitério brilhando a noite toda, em todas as direções...

De longe em longe, uns pios diferentes se faziam ouvir, ora apagados pela distância, ora mais agudos pela proximidade.

O solo silicoso rangia sob as rodas dos Krupps no vagar do avanço.

Súbito, tremenda rajada de balas envolveu a força como se a garganta fosse uma só trincheira a se prolongar de uma a outra extremidade.

Sem tempo nem para o sobressalto do susto, a matraquear silenciou como tinha começado. Então, desceu dos grotões uma estranha zuada de vaias e gargalhadas. A estrada se encheu de ecos: "Viva nosso santo Conselheiro! Louvado Nosso Senhor do Bom Fim! Salve o Senhor do Bom Jesus!"

A linha vacilou. Febrônio, de um salto, organizou um improvisado contra-ataque, preciso e destemido. Ordenou o avanço de qualquer maneira.

Nova rajada derrubou mais praças.

O bravo militar conseguiu localizar um dos atiradores fantasmas na copa de um juazeiro. O tiro foi certo, mas Febrônio perdeu o espetáculo da queda: João Grande, na sua chucrice e sanha sanguinária, antecipou-se ao combinado por Macambira, e, embriagado com a berraria dos companheiros, com o cheiro da batalha, surgiu no meio da estrada com seu bando.

Foi então que a soldadesca, doida pelo tiroteio misterioso e vendo pela primeira vez inimigo palpável pela frente, criou novo alento.

O corpo a corpo era-lhes absolutamente favorável. Antes da ordem do chefe, atiraram-se aos jagunços ainda longe, na boca de saída da garganta.

Violentíssima batalha se travou, já a salvo do alcance dos comandados por Pajeú, tão grande era a sede de vingança com que se empenharam os legalistas.

João Grande, o que tinha estragado todo o plano dos jagunços, nem chegou a ganhar cem metros de estrada, enquanto o inimigo percorreu cerca de quatrocentos!

O lugar-tenente de João Abade, percebendo a inutilidade de permanecer oculto com os seus, que até então se limitavam a atirar das tocas, resolveu descer para, num movimento envolvente pela retaguarda dos soldados, inutilizar um pouco o erro da precipitação do companheiro.

Mas Pajeú desceu tarde. O combate, dada a superioridade das baionetas, já estava concluído com absoluto êxito para os do comandante Febrônio.

No chão, rolavam cerca de duzentos jagunços mortos ou estuporados e agonizantes ao coice das armas.

João Grande estertorava atravessado a sabre por duas vezes:

— Sangra... sangra... sangra... Fio du Cão!

Pajeú não teve outro alvitre senão fugir pela ribanceira oposta da serra.

Apesar de ainda soar um ou outro tiro avulso, recalcitrante ao reconhecimento da derrota, a tropa atravessou a perigosa garganta!

Ao anoitecer, alcançou o sopé da pedreira que protegia Canudos.

Ali, pela situação estratégica, puderam os soldados se recompor em relativa segurança.

Tibúrcio e seus poucos companheiros é que, entre o precipício e a força acantonada, não acharam prudente tomar iniciativa perigosa. Deixaram-se ficar embuçados na inércia da expectativa. Nessa noite, nem fogo acenderam, se limitando a comer farinha seca e vigiar no revezamento da atalaia.

Agostinho, porém, conseguindo se infiltrar pelo mato rasteiro, atingiu o troço de Pajeú, juntado, agora, com os sete homens sobreviventes do lote de João Grande.

O chefe contou-lhe tudo e resolveu organizar novo ataque, já pela retaguarda, a ser desferido logo que a ocasião se tornasse propícia.

Isso caso não chegassem novas ordens lá de baixo...

Madrugada, mudou de opinião.

72

Febrônio enterrou seus praças mortos como pôde.

Os feridos é que tiveram de ser medicados ali mesmo. Era impossível mandá-los de volta.

Felizmente não faltava farmácia como faltava comida. Já a fome assaltara de rijo.

Durante a noite, o comandante reuniu seus auxiliares e resolveu marchar sobre Canudos, logo pela manhãzinha.

Teriam de tomar o arraial a qualquer preço! Agora a tomada da vila seria questão de viver ou morrer. A conquista do rancho tornou-se mais importante do que a rendição do inimigo...

73

A aflição de uma pequenina preá a se debater entre os anéis de uma serpente foi todo o movimento de vida que retalhou aquela noite sossegada como as águas estagnadas de uma lagoa morta...

74

Portas fechadas, Vila Nova pensava em desertar.
Desde que ouvira o velho Macambira falar em canhões, repetir depois toda a história para a arreliar ou para esconder sua própria covardia (o velho que tinha um filho tão audacioso), Vila Nova inquietara-se na venda de baixo.
Aquilo não ia dar ponto! Ia ser uma desgraceira do Cão!
Era de hoje que já devia ter escolhido entre o dinheiro e a segurança...
Para ele, tudo era difícil. O dinheiro estava espalhado na mão do povo como mari nas caívas... Não tinha outro recurso senão agir assim para não desgastar os protetores. Taramela era o pior... Negócio bom mesmo era reunir o que pudesse salvar e lascar o pé no oco do mundo!
Mas, logo agora que João Abade havia abarrotado os dois armazéns de gêneros e catrevage miúda! Até bugigangas de fêmea... Pulseira, anel, volta de contas... Penduricalhos...
Verdade que o pagamento não fora feito com seu dinheiro. O dinheiro era da igreja, do povo... mas, já que tinha

mercadoria dentro de casa, já que o lucro, como de costume, seria inteiramente seu, porque ninguém ia lhe pedir contas, ainda mais com aquela chirinola de guerra na porta, aquilo não deixava de ser capital empatado.

Afinal, na arca do quarto, tinha guardado aquele despotismo de notas. Estava tudo ali bem à mão, bem arrumadinho entre folhas cheirosas de cassuquinga para afugentar os bichos; era só meter tudo na patrona e ganhar distância da bulha.

Vila Nova sabia melhor do que ninguém que a santidade do Conselheiro era uma peta muita...

75

...balela descarada dos chefes, mesmo de João Abade, para fazerem aquele bafafá sem quê nem para quê — pensava Maria Olho de Prata, estendida muito a cômodo em sua rede nova, de cores vivas.

Então, agora que estava conhecendo João Abade por miúdo, é que não tinha mais dúvidas!

Medo de morrer não tinha mesmo! Nem um tiquinho. Achava só aquela guerra besta! Por um momento, pensou em abrir estrada. Nem João Abade, ocupado como estava, havia de lhe pedir contas de seus planos...

Em Jacobina, a vida estava muito maneira para mulherdama por causa dos viajantes de Minas Gerais. Josefa disse que o dinheiro lá andava a rodo.

Olho de Prata tirou logo o pensamento da cabeça. Viver na aventura ou morrer agarrada a João Abade, o único cabra macho que conheceu na vida...

Que adiantava?

Depois, em Canudos tinha também compadre Pedrão, que era uma garantia de segurança. Enquanto não matassem o compadre não havia nem susto que ajudasse na decisão! Se ele fosse homem de se meter com mulheres, devia ser um precipício... A mulata achou foi graça de não largar o pensamento do compadre.

João Abade...

76

...João Abade é que seria de temer!

Mais do que Pajeú.

Pajeú só era um bicho sanguinário. Era como João Grande: fazia o que lhe mandavam.

Pedrão havia de cuspir de banda. Cuspe grosso. Fizesse bom proveito!

Cavalcanti estava preocupado com o rumo dos acontecimentos.

As coisas iam tomando mau paradeiro. Afinal, sempre havia se saído lindamente de todas as enrascadas em que se metera — e não eram poucas...

Não havia de ser agora, por causa daqueles idiotas, loucos de vontade de morrer sangrados, que devia naufragar.

O negócio era arranjar uma doença. Pena que tivesse tão bom pedaço de corpo. Se fosse magrinho como Mané Quadrado, com o pavor de espinhela caída que assombrava paradoxalmente a mais valente dos jagunços, arranjava uma tossezinha seca, molhava um lenço de sangue e caía fora do barulho enquanto era tempo... Havia de abancar até de padiola carregada por eles!

Arlequim continuou imaginando um modo de se pôr ao fresco, esgaravatando as escamas de uma pisadura na canela, meio inchada, feita quando punha a canoa no seco, por ocasião da última pescaria.

Nasceu-lhe a ideia que estava mancando: bateu palmas, mordeu a unha do indicador e ficou amadurecendo pensamento: Era sozinho. Não tinha mulher, filhos...

77

Nunca tivera filhos!
Por artes de que diabo a Rita, com aquele peitinho de galinha com fome, foi logo apanhando barriga? — Vila Nova deu um coice na tamborete para ir atender à porta.

78

Arimateia é que, desde que os filhos se largaram naquela estuporação de guerra, não podia mais tirar os olhos daqueles morros longínquos de onde um dia havia de chover tanta bala... tanta...

79

O picuaraçá do sopé da pedreira do morro da Favela tinha por nome Tabuleirinhos.

Major Febrônio estava acampado ali, junto à pequena lagoa do Cipó, de águas mais verdes do que a mataria em redor, quando as chuvas de inverno levantam broto novo em tudo o que é pé de pau.

A manhã veio encontrar uma soldadesca faminta e cansada.

80

Em Canudos já se sabia tudo.

Agostinho, depois de varar as linhas inimigas, na véspera, depois de conversar com Pajeú, conseguiu ordem de descer ao arraial.

Pajeú só mudou de opinião pela madrugada: o que ele queria era combater de seguimento. O menino convenceu-o da necessidade de se comunicarem, primeiro, com o povo.

Foi assim que desceu correndo e veio contar tudo, por miúdo, ao padrasto.

Agostinho era enteado de Pedrão. Agora, era um moleque de seus dezoito anos, mas nasceu da mulher que a mulata teve de enterrar perto de Tanquinho quando uma erisipela braba deu conta dela. Só depois da luta é que Pedrão topou com Arimateia na vagação de moça donzela.

Na batida da novidade trazida pelo menino ficou resolvido que João Abade subisse imediatamente com cerca de cento e cinquenta jagunços para assumir o comando da batalha, antes que Pajeú fizesse algum despropósito que nem João Grande tinha feito.

Pedrão guardaria a entrada do arraial, pelo rio, no caso de derrota lá em cima. Joaquim Macambira ficou com o mulato.

— Sô Pedrão tem arguma ordem mais? — perguntou Abade com bastante azedume ao se despedir do rival e do velho Macambira que estava dando os últimos conselhos a todos.

— E eu vou dar ordem a você, Abade? Velho Macambira já não disse o que é para fazer?

Os dois se olharam no meio da testa.

81

Antes de nascer aquele sol que foi encontrar a força do major Febrônio cansada e faminta, nos Tabuleirinhos, Abade e Pajeú já conferenciavam junto a um pé de ouricuri, na retaguarda dos legalistas.

Realmente, major Febrônio estava mais perto, em linha reta, do arraial; mas como tinha sido levado maliciosamente pela traição de seus guias para a Favela, teria de contornar a pedra, de volta, para o ataque. Era ao pé desse caminho de contorno que se tinham localizado os jagunços.

Bem de acordo com os ensinamentos do velho Macambira, combinaram assim: Pajeú ficaria o mais próximo possível do inimigo. Antes que Febrônio levantasse acampamento — o que deveria ser cedinho, pela fome que o acossava —, os homens de Pajeú deveriam já estar espalhados para prosseguir no ataque invisível, agora bastante mais difícil porque o mato ralo, de serra, não ajudava tanto no escamoteio dos atiradores. Mesmo assim, teriam de contornar os flancos do acampamento visado, sempre de subida, pelos lados da rampa.

Só quando estivessem colocados em cima, de modo a obrigar o retrocesso da força pelo mesmo caminho que tinha vindo, poderiam abrir fogo, atirando sempre de costas voltadas para Canudos.

Era preciso tomar posição com rapidez, antes de clarear de todo, não só para a segurança do sigilo da manobra como porque, de um momento para outro, a força poderia se deslocar, estragando o plano.

João Abade sabia que, sem comida, munição se acabando, os soldados não poderiam subir o serrote da Fazenda Velha debaixo de bala.

E ainda que subissem, jamais desceriam a vertente para o arraial por ser, no escarpado, absolutamente impraticável.

A única solução para o êxito dos soldados seria a tentativa do contorno para alcançar Canudos pelo rio. Mas, por aí, Abade não tinha receio: o guia que restava aos macacos ia de plano feito para o topo. Zé Comissário era velho jagunço de Bom Conselho e conhecia aquele chão como vaca conhece a trilha do retiro.

Resolvida a parte de Pajeú, João Abade tratou de seguir com seu troço um pouco mais para adiante. Já sem tanta pressa, pôs-se em direção à garganta do Camboia para, no desembestamento dos soldados que viria na certa, desmantelar de todo a retirada.

82

Febrônio estava certo de que, subindo o pé do serrote, desceria de surpresa no arraial. Foi isso que lhe garantiu Zé Comissário.

Embora previsse luta dura lá embaixo, não tinha dúvidas na vitória rápida de suas baionetas, numa repetição do que fizera a João Grande. Também ele notara a vantagem que lhe dava o matinho ralo. É que, em campo aberto, só resguardado pelas cabanas dos moradores, a jagunçada teria de aceitar o corpo a corpo ou debandar na agonia do pânico. Nem mesmo a paliçada das duas igrejas entrara em suas contas apressadas. Dispôs que os Krupps, na descida, fossem abrindo caminho de fogo grosso. Isso seria de grande efeito moral. No fundo, esperava pela debandada, muito mais cômoda para sua tropa.

Estava já tudo preparado para a largada, para essa ofensiva final, quando um furriel veio avisar ao major que um dos canhões tinha um petardo emperrando-lhe a alma. A demora no reparo ajudou Pajeú. O pior foi que, no vira e mexe do arranjo, o canhão disparou subitamente.

Pajeú vinha cumprindo à risca a ordem de João Abade, mas, desorientado pelo tiro repentino, sem saber o que se passava entre os inimigos, pensando mesmo num erro ou numa traição de Zé Comissário, dobrou o beiço de baixo e emitiu um silvo agudíssimo seguido de dois mais curtos. Era o sinal do ataque.

O resultado foi que, antes de se perder ao longe, nas quebradas da serra, o ecoo do tiro, tremenda fuzilaria partiu dos ramos das favelas esgalhadas sobre os soldados.

Febrônio já estava curtido nesse tipo de emboscada covarde e misteriosa. Não se assombrou ante o inesperado e reagiu firme: formando a tropa, exigiu o avanço a qualquer custo.

Pajeú é que não contava com mais esse revolteado. Ao ver que os macacos grimpavam em direção aos seus carabineiros, não tendo a calma ponderada de Pedrão ou o gênio improvisador de João Abade, não tendo sido industriado pela manha do velho Macambira para o caso que estava ocorrendo, não previsto por ninguém, tomou a iniciativa de invadir o grosso da tropa com seus homens. Com uma série de silvos ligeiros, fez descer todo mundo para novo e cruento corpo a corpo.

Silenciando na bala, a matula foi sendo passada pelos sabres de Febrônio sem tempo nem de tomar suspiração.

As águas da lagoinha ficaram tintas de sangue.

Novamente a sorte protegia os comandados do major. Foi a vez de a tropa gritar seus impropérios:

— Jagunçada do diabo! Vá contar pro teu santo que ferro não tem bandeira do Divino!

— Comida de santo é faca!

— Toma, canalha da peste! Urubu gosta é de tripa de fora...

Só então Pajeú se certificou, por amarga experiência própria, de que briga de mão com cabras adestrados na tropa não dava deixa para jagunço sem traquejo.

Mesmo assim, abrindo caminho com seus ferros, mandou que os sobreviventes se dispersassem pelo mato, debaixo de terrível zuada de pragas.

Cento e poucos corpos bronzeados juncavam o chão por entre a tropa, mas o abalo dos vencedores foi grande também. Além das baixas, começaram a duvidar dos rumos do caminho. Tudo porque, no aceso da peleja, Febrônio viu por acaso quando Zé Comissário, passando-se de repente para a banda dos revoltosos, lascou um golpe rijo no tenente Azambuja, comandante das metralhadoras. De um tiro feliz, o major evitou um segundo golpe que seria mortal. O corpo do guia traidor lá estava, também, de roldão com os dos seus amigos, testa furada bem na raiz dos cabelos.

Sem guia, impunha-se uma retirada definitiva, e isso foi ordenado.

Fardas rasgadas, feridos em quantidade, fome tinindo, a tropa começou penosamente a descer o pedacinho de morro que já tinha vencido a tanto custo...

83

Entre Lajem de Dentro e a garganta do Cambaio, João Abade estava alerta.

Estava, mas o fragor da batalha, o vivo dos tiroteios e os recados transmitidos de homem para homem, desde os primeiros fugitivos de Pajeú, tudo abalou e arrefeceu o ânimo dos meninos.

Abade farejou o perigo. Esperou, contudo, que, à vista dos retirantes que se aproximavam, cobertos em sua vitória de privações e misérias, recrudescesse a coragem fugitiva de seus camaradas.

Para isso, logo que viu na estrada os soldados da vanguarda de Febrônio, incitou sua gente aos brados de "Viva o santo Conselheiro" e "Pelo sagrado sangue do Senhor do Bom Jesus".

Prevenido, surdo aos gritos desesperados e esparsos de Abade, major Febrônio prosseguia impondo sua disciplina de ferro. Quando percebeu que estava bem em frente à macega de onde partiam os berros imprudentes, descarregou sua repetição, respondendo com outro brado que encheu toda a caatinga:

— Milagre de Conselheiro é jagunço nas profundas do diabo!

Centenas de dedos ocultos afrouxaram os gatilhos que estavam a ponto de ser premidos. Não se ouviu um só tiro de rebate! O pânico se apossou da jagunçada como se fosse lavrado a dinamite. O militar percebeu que tinha acertado em cheio e mandou que os cometas tocassem clarinadas.

Abade, mesmo alvejado, tentou organizar o ataque. Transtornado ele também, porque, como jagunço, detestava o som das cornetas, mostrou-se imprudentemente de corpo inteiro, emergindo da macega, aos brados furiosos, atirando sem cessar, espancando e açoitando com os pés os companheiros mais próximos.

Tão nulos foram os resultados obtidos como inexplicavelmente eram perdidas as balas que o visavam, às dezenas.

Abade teimou atirando sozinho, desesperado, olhos injetados, peito arfando, oprimido pela impotência.

E os soldados sumiram pela garganta da morte, por entre as carabinas ocultas e silenciosas de duzentos valentes aterrados.

Só a figura do comandante, devorada pelo ódio como pau em fogueira, se contorcia sobre a macegazinha que apenas lhe chegava aos joelhos...

Muito tempo depois, a custo de muito pio de taquara, João Abade conseguiu reunir seus homens petrificados na estrada já deserta.

Não disse nem uma palavra. Calada, cabeça derreada para baixo, a Comblain inútil, ruminando sua derrota sem tamanho e sua raiva contra aquele bando de covardes, o mameluco era o dorido enorme e inteiro de seu povo infeliz...

Pedrão teria conseguido mais daquele magote de mijões? — essa era a sua dúvida terrível. Fez tudo... tudo... mesmo quando se viu abandonado, guerreou sozinho. Sem a mínima cautela. Atirou o quanto pôde. O cano da arma queimava-lhe as costas, na bandoleira, de tão quente. Nem assim! Nem assim uma bala atravessou-lhe o peito tão oferecido, poupando-o daquela vergonha...

João Abade espantou-se de repente: estava chorando como menino mole!

84

A volta para o arraial foi mais triste do que sininho de ermida açoitado de manso por chuva peneirada.

A horda vencida, destroçada, primeiro dos comandados por Pajeú, depois dos homens de João Abade — topara na beira do rio com Pedrão.

O mulato estava fumando quieto na vigia inútil.

Abade encostou calado.

— Sangria muita? — perguntou Pedrão, com um olhar de vidro.

Abade deu de ombros.

Rolou tempo.

Pedrão sabia de tudo. Não quis falar mais nos mortos, nos desaparecidos. Ficou olhando para as padiolas que passavam em fila.

Muito sangue, mas nenhum gemido. Nenhuma queixa.

— Tu me dá notícia de Agostinho?
Outro sungar de ombros do pícaro.
Pajeú acudiu, largando de mão o trabalho em que se entretinha: com um punhal, acrescentava alguns talhos na coronha da Mannlicher. Cada talho representava mais uma vítima abatida pela arma. Um inimigo a menos...
— Brigou de macho. Estropiou uma perna — esclareceu.
— Coisa pouca...
— Tiro ou ferro? — quis saber.
— Ferro.
Pedrão coçou o beiço de baixo com a mão toda.
— Brigou muito... Tá certo!
Juvêncio chegou trazendo Agostinho. Apenas um lanho de baioneta na volta do pé.
— Como é que pode? — perguntou o padrasto estranhando o ferimento.
— De primeiro, eu tombei ele... Pajeú tinha mandado entrar no peito... Quando fui passar por riba, o cabra ainda escabujava e me enfiou o ferro... Tem nada não!
Mané Quadrado é que não ia ter mãos a medir com aquele mundão de feridos...

85

Abade continuou encostado. Por fim, falou:
— Mais pior do que em Uauá! Tudo mijão da peste... Quando viram que o povo do major era atreito na briga de mão, mancou foi coragem...
Agora, foi a vez de Pedrão se calar.

Tirou uma baforada forte e abanou a cabeça.
O mameluco passou a mão pela cara:
— Cartucheira está aí cheia... nem um tirinho só! — O comandante suspendeu um pouco a conversa para perguntar:
— Sô Pedrão fazia o quê?
— Sei não!
— Culpado foi eu! Estou de juízo feito: culpado foi eu mesmo!
Pedrão explicou:
— Comandar canoa de rio acima é bão. De rio abaixo, melhor. Mas porém comandar ela na embicada da cachoeira, carece... sei não. Tenho pra mim que é sina! Major não comandou a canoa lá dele?
— Cabra teso. — Abade não pôde deixar de concordar.
— Apois?
— Se sô Pedrão estivesse lá, tinha comandado também...
— Sei não! Só vendo... — O mulato escorreu sua revolta despeitada:
— E eu tenho comandado labuta de sangue?

86

Findaram de recolher os feridos.
Abade catucou Pedrão:
— Vamo chegando?
— Contar prô santo?
— É...
Pajeú interrompeu:

— Carece de ir tudo?
— É bão!
— Então, vamo...
— Vamo...

87

Sempre bridoada pela mão de ferro de Febrônio, a força atingiu Monte Santo sem mais novidades. Só o desfalque nas fileiras e a miséria geral atanazavam os homens, mas isso era rojão conhecido. No caminho, os retirantes saciaram a fome com as cabras espavoridas pelo movimento e que terminaram precisamente por se atropelarem no meio dos soldados.

Por duas vezes, na marcha, a coluna viu, longe do alcance de suas armas, o corpinho infantil de Humberto. Espingarda a tiracolo, o rapazelho misturava passos com Valoroso.

Humberto era guerreiro de avulso: não pertencia a nenhum bando. Matava por conta própria.

88

Depois que os chefes terminaram sua conferência com Antônio Conselheiro, Taramela foi para o sino anunciar que ia haver falação do santo.

Lavado e cuidado pelas meninas escolhidas pelo sacristão, nas alpercatas novas, barba inteira e cabelos brilhantes sob o chapéu clássico de massa, abas muito largas prolongando-se em fitas também pretas, caídas nos ombros, o camisolão azul até os tornozelos, rins cingidos no apanhado da fazenda por grosso cordão branco, mãos cruzadas na frente, Conselheiro surgiu no patamar da igreja velha.

Alto, na magreza de asceta, levantou as mãos devagar, abençoando a coorte escura, imersa no silêncio e no respeito.

Quase todos se ajoelharam. Mesmo os chefes conservavam a cabeça baixa.

Voz adocicada, olhos sempre inquietos, voltados para o chão, correndo de um a outro ponto sem se fixarem em coisa alguma, Antônio Conselheiro começou falando muito baixo, como de costume:

— Em nome do Senhor do Bom Jesus, Nosso Senhor, abençoo meus filhos, seguidores fiéis do Santo Evangelho!

E a turba:

— Amém, Jesus!

— São Marcos e São João do Apocalipse, para sempre glorificados no sangue de Nosso Senhor Jesus Cristo, em verdade vos digo, anunciaram pelas trombetas do arcanjo Gabriel, no rio Jordão, a vitória do Bem sobre o Mal! A vitória sobre os que crucificaram Deus de Nazaré!

— Amém, Jesus!

E a prédica embarafustou-se numa mixórdia de citações deturpadas, frases sem sentido, fragmentos de orações incongruentes, onde era previsto pelo mago, em constante, ao final de cada sentença, mananciais de belezas celestes aos que morressem combatendo contra as forças que queriam desterrar Cristo dos corações puros.

Terríveis profecias mesclavam-se a impropérios numa repulsa à soldadesca da República das Trevas. A República tinha banido o velho imperador para destroçar o último reduto da concórdia entre os homens perversos, esquecidos das palavras dos apóstolos.

A matula ia repetindo:

— Amém, Jesus!

— Amém, Jesus!

— ...e os impostores serão derrubados de seus tronos. A espada de fogo apartará os justos dos pecadores...

89

Arlequim fitava o santo com o sentido de abancar para longe: a perna inflamada era, agora, sua esperança de fuga.

Vila Nova, ajoelhada no chão áspero, fazia contas e planos para uma vida melhor, mesmo antes de ir para o céu.

João Abade, já de pé, muito firme e contrito, dominava a jagunçada de rojo.

Macambira, piscando os olhinhos miúdos, maliciosos, benzia-se a cada "Amém, Jesus!" coletivo.

Maria Olho de Prata, encolhida na saia vermelha, estava pensando como seria compadre Pedrão, por miúdo, numa vadiagem de homem...

90

Fantásticas ou infantis, as lendas borbulhavam em torno do santo Conselheiro.

O último remanescente dos celebrizados Macieis, de Quixeramobim, a família valente que se exterminou, exterminando a dos Araújos, inimigos seculares, não se abalava, porém, em seu prestígio místico, ilimitado, sobre aquela multidão primitiva.

Matricida ou gerado pelas águas marinhas, era ele o iluminado, o escolhido, o santo, o caminho certo e único para a salvação eterna. Ante ele e após ele, era o vazio irremediável.

Mesmo os filhos nos seios das mães só encontrariam a felicidade da alma se varadas pelas balas da cegueira governamental.

Os espíritos só extravasavam da iniquidade do corpo para a suavidade infinita quando bolçados pelas feridas de guerra.

Privações e sofrimentos haviam de ser as grinaldas para a aleluia libertadora.

Infelizes dos que, por má sina, se abraçassem à morte na serenidade de um catre. Esses não teriam qualquer esperança de ver o Senhor do Bom Jesus. Ficariam eternamente no maxicote do limbo!

A prédica chegou ao fim com maiores promessas e mais lúgubres profecias.

E a turba:

— Amém, Jesus!

A multidão dispersou-se devagar, calada, mas fortalecida para a calma dos arremedos de lar ou para a trágica rinha da luta. Indiferente.

91

— Tu acredita no Conselheiro?

Nunca que Abade podia esperar essa pergunta. Ficou olhando para a quartinha d'água, no canto da cozinha.

Maria Olho de Prata insistiu:

— Tu crê na alma da gente?

Sem entender o absurdo de todo o tamanho que estava ouvindo, ficou agradecido ao automatismo dos lábios:

— Acredito... ora! — Tangenciado o apuro, Abade confirmou com mais desembaraço: — Acredito!

— Eu não! A alma da gente a caatinga já comeu ela. Quem nasce no meio dessas touceiras malvadas não tem luxo disso... Começa que nem tempo rola!

Abade estava espantado. Parecia boi vendo pano balançar no vento. A mulata prosseguiu:

— Nada passa nunca: nem tristeza nem sorriso. O dia é igual ao dia que nem a noite é igual à noite. Essa maçaroca de favela espinhenta dói mais nos vazios da gente do que em riba do couro. Sol pra danar! Chão duro de ofender até os pés do Cão. Cascavel castigando solto... Arrepare, Abade, como é o mato desse estirão: só galho cruzando pontudo. Folha verde mesmo manca que é um horror! — A mulata falava devagar: — Tristeza... Então, quando nem não se vê um juazeiro balançando, é triste...

— Larga disso, mulher! — João Abade se enjoou da conversa esbarrada. — Bebe café...

— Uai, gente! E eu posso largar de um trem que está agarrado em mim? — Tomou sempre um gole de café, mas não parou de falar: — Eu não creio em nada, não!

— O mato tem a vida dele... Vida solta de vivente. Que inguinorança é essa de dizer que não rola tempo pra pau de mato?

— Ninguém não disse que pau de mato não tem vida. As pobrezinhas das juremas até que brigam tanto para viver, se abraçando umas nas outras, na agonia do solo, que, mal comparando, parece gente... Uma por uma, na asparência, é assim; mas, quando a gente derreia os olhos no oco do todo... Apois? É do oco que eu estou falando, uai! O geral é que não muda... é uma coisa só. Dê pru visto!

— Olha, mulher: larga de ideia maluca. Tu não falou que jurema briga na querela da vivença que nem gente? Então não sou eu mais tu que não têm alma... Os paus é que têm alma também como a gente.

Os dois acabaram o café em silêncio.

João Abade saiu.

92

Quando o solzinho pinicado bateu nos altos da roça de Vila Nova, encontrou a perna seca do vizinho pendurada na janela do casebre.

Migueli tinha voltado a tocar berimbau. O olho solto é que não largava mais de procurar a irmã pela casa vazia...

93

Rebate de notícia chegou na boca de Fulgêncio: em Queimadas, estava um cabra ruim pra danar, baixinho, mirrado, cara de aipim de encosta — Moreira César.

Muito para cima de mil e quinhentos soldados. Jegues como terra largada. Tudo carregado de cunhetes abarrotados. Armas das boas, das modernas, daquelas que só no soluço do coice toram no meio um pé de serra.

— Aviso de Fulgêncio, bem dizer, não é novidade — Macambira disse ao Conselheiro —, mas estourou na frente do tempo maduro.

94

Há muito que João Abade andava na ocupação de um tudo: não passava dia que não despachasse pombeiro. Ou com recado, carta, ou caçando munição e mantimentos de boca ou recrutando jagunço novo.

E era trabalho de rendição de atalaia, de abertura de valas e fossos para servir de trincheira avançada, de recolher forasteiros... Um mundo!

O comandante era ativo. Não tinha hora de sono. O que ele queria mesmo era não pensar mais no fracasso da última batalha.

As estradas estavam que era uma imundice de gente e de tropas. Até parecia a retirada da seca de 1877.

A de Massacará, então, nem se fala! Não havia balcedo no caminho que não estivesse agasalhando bivaque de estradeiro. Até o chão já estava limpo dos quipás rasteiros e espinhentos de tanto solado por cima.

Suco de jurema tinha era extração para fortalecer pé e refrescar garganta de caminhante cansado.

No prevenido da surpresa, já havia ordem de Pedrão para que ninguém andasse zanzando pela rua sem precisão. Podia alguma bala adiantada fazer estrago de sangue.

É que, na vereda de Pau-Maçá, Zenóbio veio dizer que viu um magotinho de estrangeiros. Pelo jeito, podia ser reforço ou podia ser soldado de espia.

Quando Pajeú correu na assombração do aviso, não topou senão com uma queixada fêmea rebolando no aceiro do mato.

Em todo caso, como bode vigiado não representa de curupira, largou dois cabras na escuta, de chumbo na agulha.

95

Nisso, Beatinho, o mulato alto sempre vestido de algodão branco que ajudava Taramela nas coisas do santo, deu por findos os cômodos de moradia da igreja nova.

Quando João Abade passou de bicada no arraial, sem tempo nem de se misturar com Maria Olho de Prata, já de caminho feito para Cocorobó, ainda teve de fazer a mudança do Conselheiro, em procissão de pálio e andor.

96

Bateram de leve na janela dos fundos.
Ritinha foi ver.
Era Judia do Valentim: queria uma cuia de farinha.
— E tem precisão de vir pelo beco, gente! Todo o povo não bate na rua e eu não atendo?
— É que eu nem não tenho dinheiro com que lhe pagar... Vila Nova, depois do destampo que eu lhe dei, quer é ver meus ossos do lado de fora do couro...
— Tem nada não! Entre, menina!
— Eu...
— Vila Nova está pra roça. Magine! Correu tudo isso só pro mode que os meninos estão roubando uns umbus azedo que é só o que tem lá de valia!
E cheia de raiva, debruçada na sovinice de seu homem, praguejou:
— Tomara que a magrém, este ano, seja a mais pior do mundo!
— Tomara mesmo! Tomara que a seca mate toda a plantação daquele descarado, unha de fome.
Judia também lembrou-se dos maus-tratos do vendeiro, mas, num impulso de delicadeza, acrescentou logo:
— Você me desculpe que é a mulher dele, mas tomara mesmo!
— Mulher dele é o Cão! Só um castigo é que me meteu esse filho na barriga!
— E mode que tu não tomou garrafada do compadre Quadrado?
— E eu sei dessas coisas? Ninguém não me falou nada!

— Olha, se ainda não passou a lua...

Logo, distraída com a novidade, esqueceu o temor de Vila Nova:

— Até de sete mês eu já vi se soltar...

— Quem havera de dizê?

Bateram de novo. Agora, foi na porta de frente. Ritinha estava mexendo nos sacos. Judia assustou-se:

— Vila Nova! Virge Nossa Senhora!

— Tem nada não — Rita acalmou-a: — Vila Nova não bate na consideração. E se for ele, era só dizer que foi Pajeú que mandou você apanhar a farinha para o velho ficar mais encarnado do que flor de cabeça-de-frade...

Com uma gargalhada, foi abrir a porta.

Judia estava pensando:

"Agora ele mata eu!"

Quem chegou foi Maria Olho de Prata. Vinha atrás de rapadura.

— Uai, gente! Que qui tu tá encolhida aí, judia? E teu calunga? — perguntou à Rita. — Tua gente?

— É de hoje que eu nem não posso ver minha gente... Esse Cão não deixa meu pai tomar chegada só para não dar uns cobrinhos ao pobre... Migueli anda metido dentro de lá dele mesmo que até dá dó... Não se aconforma com o arribado de eu... Mas porém isso é nutiça que eu tenho, porque, de verdade mesmo, não sei-o! Quem pode com esse povo? Ele é que faz e desfaz...

Ritinha enfiou numa queixa comprida contra o vendeiro e contra a barriga que tinha apanhado já tão cedo, com tanta bala de promessa.

Olho de Prata insistiu na rapadura. Rita se calou.

— Uai, menina! Vai ver uma quarta!

— É que o velho deixa não... Diz que rapadura é só com ele mesmo. Nem para o santo eu tenho ordem de mexer nela! É de hoje que eu estou dizendo para um bando de gente que não tem e eu sei que tem e da muita! O que eu não sei-o é donde está...

Judia deu com a cabeça.

— Eu sei! Vamos, gente... Então eu também não já morei aqui de casada?

As três foram para os fundos do reservado. Atrás, num quartinho de sopapo, havia uma ruma de canastras velhas. Judia tirou duas da pilha com dificuldade, levantando devagar, entre gemidos, o braço esquerdo. Estavam vazias. Na última, sobre uns paus por causa da umidade, encontraram os tijolos escuros, embrulhados em palha de milho.

Olho de Prata abaixou-se, deu um à Judia, apanhou dois e escondeu-os debaixo da saia. Tirou o cadarço e prendeu o furto no ventre:

— Dessas ele não vai dar fé!

Recolocaram tudo no lugar, Judia gemendo sempre, e vieram para o balcão da frente.

Judia atrapalhou-se com o seu tijolo e foi preciso Ritinha ajudá-la:

— Que gemeção é essa, dona?

A mulata tinha ficado para trás. No reservado de passagem, encheu um copo de cana e bebeu um gole largo. Ofereceu à Ritinha:

— Tu, que é a dona, não aceita? — rebolou-se na gargalhada. — E tu?

Judia também não aceitou, mas não se riu da peça que Maria estava pregando ao velho, divertindo-se a valer. Estava com um furúnculo enorme debaixo do braço acanhado, que já tinha dado foi trabalho a Mané Quadrado.

— Inda por cima me acontece isso...

A mulata emborcou o resto do copo.

Quando Ritinha foi reforçar o gás do fifó, Olho de Prata viu um caixote com uns restos de cebolas miúdas, quase secas, dessas que só por milagre aparecem nos longes do sertão.

— Menina! — espantou-se. — Ainda tem disso?

Sem esperar resposta, apanhou uma, tirou a casca com os dentes e trincou-a, cheia de satisfação. Fungando com força a emanação picante, terminou:

— Doida por isso!

Judia estava chorando desde que falou no furúnculo. Só então as duas deram pela coisa:

— Gente...

— Uai, menina! Que foi?

Judia contou: não estava arrependida de ter largado de mão Vila Nova. Rita estava sabendo que ninguém pode se arrepender de uma largada assim. Mas no lugar de voltar para a vida de meio cruzado que sempre dava o de-comer e o de-vestir, foi juntar-se com Pajeú:

— Sei não! Ou foi de medo de Vila Nova ou foi porque Pajeú me agradou mesmo... Desacostumação de andar largada... Sei não...

Maria apanhou outra cebola, sem escolha. Com o dorso da mão, esfregou o nariz e os olhos.

— Vá arder pras quintas!

Judia prosseguiu:

— Verdade... verdade... estou, agora, a bem dizer, sem homem e sem encosto. Sem jeito de acomodação. Como é que pode mulher recolhida em casa de macho andar se rindo para o povo pra ganhar meio cruzado?

Virando-se para Olho de Prata, esclareceu:

— Bati lá nos fundos com medo da humilhação! Você pensa que eu posso pagar essa farinha? Posso não! Por gosto do velho, eu morria era de fome. O desinfeliz não perdoa a má-criação que lhe fiz na rua. Agora... — choraminga o tumor — agora, me saiu isso aqui, que dói que é um horror... — e recomeçou na choradeira.

Maria Olho de Prata largou a cebola mordida por cima do balcão:

— Tem nada não, menina! Deixa de chorar que choro de mulher caída é risada de homem da peste. Vai levando esses dois sabunetes... essa água-de-cheiro... Leva mais esse café...

Esquadrinhava as prateleiras, enquanto Ritinha olhava numa abobalhação.

— ...mais esse pano... Rita, minha filha, diz pro teu homem que fui eu que levei. Bota na minha conta — mas ressalvou logo: — ...se ele der pela falta. Se não, não!

Apanhou mais duas cebolas e, já na porta, de saída, recomendou:

— Judia, passa lá em casa uma hora dessas... eu tenho uns trens de serventia que lhe faz arranjo... Deixa o velho comigo. Gafanhoto não arrespeita folha... Ritinha, adeus. Lembranças pro teu homem.

Maria Olho de Prata fechou a mão sacudindo-a no ar e desceu para a escuridão de fora.

Uma réstia de luz fugiu pela porta entreaberta, escorregou pela terra batida da rua e foi afinando até apagar de todo.

O trinco girou na fechadura.

Judia do Valentim ainda se demorou um pedacinho na arrumação dos embrulhos. Por fim, se despediu também da outra e se afundou dentro da noite.

97

Madrugada andava pincelando olho de caburé no chão das veredas desertas quando Pedrão saiu de casa.

Chapéu de couro quebrado na frente, barbicacho descido, parnaíba afiada no cinturão, clavinote à bandoleira e o bentinho do Conselheiro em volta do pescoço largo.

No socalco da rua, piou de chororoco, e os meninos foram saindo de trás das casas, pelas bitesgas vizinhas.

Vinham em silêncio porque Pedrão não gostava de zaragata.

— Julinho? — Arcidino perguntou, abafando a voz.

— Foi na frente. Está de espia desd'onte no mutã, por riba da fazenda velha.

Mais caboclos foram chegando.

— Vamos, minha gente? Falta ninguém não?

Não faltava ninguém.

Desceram.

Atravessaram o rio e tomaram pela estrada de Jeremoabo.

A barra do dia sangrou bonito.

Um galo começou a clarinar. Queria era galinha...

98

— Bença, nhô Polinho!

Manhã espiando e Olho de Prata aparecendo na bodega do alto.

Salvou os fregueses madrugadores. Cada qual enrolado em seu cobertor de listras, ralo no pelo barato, pés selados pelos caminhos redondos do tempo, pela miséria, como se estivessem metidos em grossas botas de lama.

— Faceiro que nem planta regada! — Olho de Prata arreliou com o velho. Nhô Polinho era um mendigo da perna de pau. Tinha pra fora de oitenta anos e vivia por ali sem ocupação senão tomar sentido nas horas de clarear o dia.

A mulata se derreou por riba do balcão, sobre os cotovelos, e foi que foi na encomenda:

— Será que sô Vila Nova ainda tem aí café pra cristão tumá?

Vila Nova se assanhou:

— E não havera de tê?

— Eu quero é meia libra!

O vendeiro correu na confirmação:

— Pra você, De Prata, tem até cortesia da Europa...

Enquanto o homem enrolava o peso dos grãos, ela mangou:

— Apois dê suas cortesia à Ritinha, que ela bem que apercisa, uai!

Levou a mão para receber o embrulho.

— A quanto isso?

Vila Nova negaceou na entrega. Considerou a pergunta e não pôde deixar de cometer a imprudência que lhe pinicava por dentro:

— Um cheirinho. Tá bão?

Baixou mais a voz para a malícia:

— Tu não sabe, pestinha, que eu sou um macho arriado por tu?

— A mode que sô Vila Nova acordou, hoje, no desassossego das vontades?! Tá barato... me dê sempre o café e bote o cheiro na conta de Abade, uai!

Riu da provocação, olhando nhô Polinho fazer um cigarro grosso.

— Sinão, Ritinha que lhe pague logo mais, na rede...

A gargalhada reboou de todo.

No degrau da porta, Olho de Prata levantou a saia e danou de coçar a perna. Esconjurou:

— Vá morder nos debaixo da...

Taramela vinha tomando chegada. Largou o olho cheio no clareado da coxa, fincado de lubricidade. Sentiu no ar a cassuquinga macerada do asseio, dos panos lavados, da carne fresca...

Ela explicou, zangada:

— Borrachudo, uai!

— Pecado é que é... Pecado tá comichando... tá saindo...

Olho de Prata malcriadou logo, sem se importar com a perna à mostra.

— Pecado de mulher-dama é não diligenciar na desobrigação do povo. Tá ouvindo, seu bode cheradô? Pecado de sacristão é que é diferente...

— Tu sabe qual é o meu pecado, bichinha... Tu sabe! Olha lá que tu bem sabe...

Taramela ficou repetindo palavras, doido por dizer alguma coisa que, afinal, expressasse seu pensamento tão simples:

— Sei sim, uai! Pecado de sô Taramela é viver sacudindo badalo à toa!

E desceu a rua estourando gargalhadas no rebolado do passo.

O sacristão ainda voltou até a porta. Espiou para a mulata que já ia longe, gingando nas chinelinhas pequenas, botando arrelia no coração do povo.

Cuspiu:

— Dô confiança não... Estrupício!

Dentro, Vila Nova ia arrumando uma pilha de gurupemas, as menores dentro das maiores.

99

O sol já estava de esguelha alta quando a horda de Pedrão chegou ao riacho dos Motas.

Os homens tomaram por uma picada meio escondida entre maris secos e fizeram parada, pouco adiante, no rancho de Das Dores.

A mulher gorda, já avisada desde a véspera por Bento Carnaúba, veio escorrendo simpatia.

Era irmã de Olho de Prata e vivia ali, naqueles fundos, com Manezada.

Quando mataram seu homem, de bala, no ataque a Uauá, Das Dores não achou jeito de se retirar para o arraial. Como estava sempre com o Senhor do Bom Jesus e era temente ao santo Conselheiro, ninguém tomava chegada que não fosse para o bem. Uns levam-lhe trens; outros, um pouco de esquecimento da falta de Manezada, porque, embora a cabeleira farta, já bastante alvinha, Das Dores não estava ainda arredia de todo de aconchego de homem.

A tropa encostou no descanso da caminhada. Logo, a mulher trouxe umas canecas e um caldeirão cheio de umbuzada.

Em seguida, Das Dores serviu um pouco de carne de bode escoteira. O bastante para a frugalidade dos jagunços.

Pedrão abraçou a comadre e tomou caminho de novo pela estrada de Jeremoabo.

100

Dois dias depois, Judia do Valentim tinha acabado de levar os trens que Olho de Prata lhe dera da promessa feita.

A mulata estava ainda na janela, despedindo-se da outra, quando viu Vila Nova entrando na casa vizinha.

Fora cobrar alguma dívida. Na certa!

Era verdade. Aquela fome de dinheiro até estava parecendo mal.

No esquecimento dos meios cruzados que tinha tomado dele, lá nas favelas, quando solteira, Olho de Prata afogava a antipatia que tinha ao vendeiro.

Devia-lhe uns brincos de lata dourada e um pano de saia. Isso sem contar algumas miudezas.

Todos sabiam que Abade andava no cerco e não tinha dia certo de chegada.

A noite não estava das mais claras, embora as estrelas já andassem enormes, na pinicação da vadiagem.

Mesmo assim, não havia quase povo na rua. Menos ainda no bequinho onde a mulher morava.

Olho de Prata pensou em Judia, no tumor lá dela, cada vez mais volumoso e dorido. Pensou na sua miséria. Teve dó da humilhação da coitada pelo descarado que se vingava duro. Vila Nova ficara mais safado pelo que ouvira quando foi abandonado do que pelo que sentira quando ficou escoteiro de fêmea.

Depressa, porque Vila Nova não era de demoras nas cobranças, a mulata armou a rede, corou as maçãs da cara molhando na saliva um taco de papel de seda encarnado, bochechou com água de juá, espremeu uma fava de umburana no corpo, nos pés, subiu o pavio da luz e voltou a se debruçar na janela baixa.

O homem vinha de saída. Cumprimentou, cabeça baixa, sem parar.

A mulata raivou consigo: "Ora, dá-se!"

Chamou:

— Sô Vila Nova!

O vendeiro suspendeu o pé que ia arriando no chão.

— Até que eu fazia ideia de conversar com o sinhô...

E Maria acrescentou, de indústria:

— ...aquela conta.

— Não tem importância. Quando João Abade vier... Quando vier...

— Não, sinhô! É que...

Vila Nova fazia menção de se afastar. Estava contrariado porque conhecia a perfídia da freguesa. Escabriado.

Maria se decidiu. Não podia botar no mato a peça planejada só porque o cabra queria se encolher. Abriu-se num sorriso:

— Olha: o sinhô até que nem é de cerimônia mesmo, uai! Tome chegada!

Aproveitando-se da vacilação do outro, abriu a porta na carreira.

Vila Nova entrou receoso. Tombou o corpo para dentro como vaca em curral novo. O tempo das favelas representou na saudade. Só escutou o convite:

— Assenta, sô!

Percebeu o tamborete correndo para junto da rede onde a azevieira se aninhou. Viu a espádua ficar fora da blusa larga.

— Eu estou é meio zonza. Não arrepare. Foi de uns umbu verde que comi... Mas, como ia dizendo...

Vila Nova se assentou, cruzando as mãos gordas sobre as coxas.

— Abade inora que eu comprei as bicha fiado...
— Ora...

O olho vermelho, vermelho disparava pelas espáduas morenas.

— Foi umbu verde? Os brincos não faz mal... Ora...
— Não, sinhô!
— Ora... — e não saía disso.

Maria deu um tempinho de refresco. Depois, começando a se embalar, disse duro:

— Mas é que eu estou te devendo, uai!
— Nem há de ser por isso... Está bom! Está devendo? Deixa pra lá! Quando puder ser, será... — e o olho na espádua.

Aí, a voz da mulata saiu para derribar:

— O sinhô sempre delicado, né? Vilinha, o sinhô... — Fechou os olhos e respirou fundo, levantando e abaixando os peitos. — Táli e quáli como nos tempos das favela!

O pé balançou fora da rede no vaivém do impulso. Cada vez mais próximo, quase roçava nas mãos cruzadas do vendeiro.

— Sei lá se a gente morre de hoje para amanhã... não é mesmo?

O usurário já não respondia nada. Desistira de responder.

— O sinhô, hein?

Olho de Prata tombou a cabeça bem para trás. Num impulso mais forte da rede, abandonou o pé entre as mãos do coitado.

— O sinhô quer saber mesmo? Saudade é que nem fava de umburana: só dana de cheirar quando a gente esbagaça ela... De quando eu andava largada, só me alembro mesmo é da nossa vadiação — uma fileira de dentes brancos apareceu no jeito de sol depois da chuva. — Pode crer!

Vila Nova se desmanchou como bago de ingá maduro...

O fifó queimou a última gota de querosene.

Quando o homem se preparou para sair, Maria interrompeu:

— Uai, sô! O sinhô me percurou pra falá de conta e acabou na besteira! Se Abade sabe, mata nóis dois! Virge!

Prosseguiu, fazendo-se muito alheia:

— É só do que eu tenho medo...

— Sabe? Se Abade sabe? E por que vai saber? Não foi você mesmo que me atentou? Ora essa! Se Abade sabe...

— Raimundinha não deu fé de tudo? Não tá aí do lado? E a zuada que sô Vila fez, uai? Parecia inté porco capão!

Vila Nova ficou apreensivo com a Raimundinha. Olho de Prata só disse:

— ...faladeira...

O vendeiro apressou-se para a porta.

— Vamo falá de conta, gente! Será que sô Vila não vai pagar rapariga pela primeira vez?

Afobado, o gordo deu-lhe uma nota de quinhentos réis.

— Então... então já vou chegando. A Rita ficou... A Rita... Sabe? Está de barriga...

— Até que não precisava tanto! — Maria guardou o dinheiro. — Eu estou le devendo o par de bichas. Dois cruzados! Farinha, rapadura, feijão... Mile e oitocento! Mais o cruzado de bagre na sexta-feira atrasada, soma tudo dois mile e duzento...

Já não tinha tamanho o olho do chefe.

— Agora, sô Vila me dá dez mil-réis, que é pra Raimundinha não falá muito da bestera e nóis tá de conta ajustada!

Foi um assombro!

— Dez? Dez mil-réis? Você está regulando não!

— Faço conta, sô Vila... Até à vista, uai! A gente há de morrer um dia... Tanto faz ser na faca de Abade, não é mesmo?

— Até... — Vila Nova quis fazer-se de forte. Resoluto, dirigiu-se para a porta.

— Só que Abade vai saber... vai é matar nóis dois...

O vendeiro torceu a tramela, furioso.

— Que me importa!

— Porta não? Uai! — Maria Olho de Prata abriu o postigo de sacalão. — Vê só! — gritou com toda a força: — Raimundi...

Não terminou. Não foi preciso...

Rita é que ficou cheia de socos e pontapés pela demora em abrir outra porta: a do armazém.

Amanhecia.

101

Certos pensamentos ficam dentro de nós como essas manchas indeléveis que se desenham nas paredes: por mais que se dê por cima, a encobri-las, demãos de tinta fresca, mais dia, menos dia elas se contornam outra vez, se nitidificando.

Assim era a ideia feita de Arlequim no sentido de sumir de Canudos.

Ainda que não fosse dos mais constantes na frequência das sessões dos chefes, no fundo do armazém do alto, onde era admitida no convívio secreto dos serões, compartilhando até dos planos de guerra, apareceu pouco depois de Taramela bater as sete horas da noite.

Pedrão, mais raro ainda na roda, já estava lá.

— De volta, sô Pedrão?

— Cheguei inda agora!

— Alguma novidade? — perguntou ansioso.

— Tirinho besta! Por enquanto. Mas é preciso prevenção. Eles vêm mesmo em riba de nós. Gente muita! Agora, ninguém não segura eles não... Nesses dez dias, a guerra está aqui dentro mesmo.

Pedrão estava loquaz. A caneca em cima da mesa, tão pouco costumeira para o mulato, explicava tudo.

Meio sufocado pela fumaceira do gás da iluminação, Cavalcanti estendeu a perna magoada, exageradamente envolta em panos, com gemidos e esgares exagerados também.

Já estava mais ou menos com o plano concertado. É verdade que foi preciso apressar a malícia: é que o ferimento de nada estava em via de cicatrização, e as notícias recebidas, pelo visto, não tranquilizavam ninguém.

102

Quando, à tarde, o matreiro preparou seu terreno falando com Abade em retirada, achou o campo tão propício que começou a pensar em benefícios secundários. — Quem sabe poderia arrumar um dinheirinho por cima?

— Acho melhor levar arma boa — opinou, então, Pajeú, na porta da igreja —, das de repetição...

Abade facilitou o resto quando Arlequim, de muita descaração, mostrou-se contristado por ter de abandonar os companheiros por causa da perna arruinada e pediu conselho.

— Bom mesmo é Juazeiro! — disse o futuro comandante da rua. — Vou assuntar o Conselheiro e, logo mais de noite, a gente se vê no Vila Nova. Anteontem, o santo me disse que carecia mandar cabra de fé na tiguera do barão. Tu sabe adonde é o barão?

— Na quebrada de Rancharia — apressou-se Arlequim.

— Mais pra cá uma coisinha...

103

Arlequim recusou a cachaça que Ritinha trouxe.

— Assim do jeito que estou com febre... Essa perna! Para mim, não chega a Juazeiro... — falou bem alto para ser ouvido por todos.

Pedrão é que tinha tirado o dia! Emborcou outra caneca. Com os olhos já injetados, pediu:

— Bichinha, enche aqui outra vez.

Num canto retirado, os meninos de Pedrão e o de Macambira discutiam sobre umas armas que tinham chegado com os cabras da pousada de Belo Monte, o pé de serra que ainda conservava o nome geral de antigamente. No rebate da convocação, cada hora chegava mais povo de cara nova na rua. Abade falou baixo para não interromper a discussão dos meninos:

— Vê lá, Arlequim: o santo diz que, se é pra ir, é ir logo.

Cavalcanti estava gemendo quando Abade interrompeu o filho de Pedrão:

— Julinho!

O rapaz suspendeu a apreciação sobre as armas novas.

— Tu quer campanar Arlequim inté Uauá? Vai tu mais um...

— Quando? — perguntou o menino.

— Para ir, acho mais à feição amanhã cedo!

— Sô Arlequim vai pra Juazeiro?

— De rumo feito! — esclareceu João Abade. — E tu? Vai mais quem?

— Agostinho serve?

— E Agostinho já sarou do pé?

— É de hoje! — Joãozinho se intrometeu.

— Então, está bom! Vai caçar ele... Deve estar de funça mais Doralice.

Doralice era uma pretinha destemerosa de Serra Branca. Abade voltou-se para Cavalcanti.

— Toma sentido! Tu vai levar esta carta, mas é só para entregar na mão do barão. Se não ver ele, tu queima tudo na beira da estrada e jogue a cinza no vento. Se não topar com ele, até que pode ser que tenha ido de demora pra corte. Não tem remédio. Queima! Foi o Conselheiro que mandou. Mas, por consideração nenhuma, não é pra fazer conta de abrir nada. Tá ouvindo?

Arlequim deixou passar primeiro o bufo terrível que veio da mesa de Pedrão e perguntou com a imprudência da curiosidade:

— Aí vai escrito o quê?

Abade endureceu o olho que relampejou como fogo de cadombá na chirinola do bochorno:

— E é de sua conta, moleque? Quando o Conselheiro manda carta, é só pra um ler. Desgraçado do Cão que se intremetê! Eu que sou eu... eu sei o que está aí?

Arlequim pensou, como num refúgio, no mascate que já tinha levado suas coisas de maior valor para o caso de ser necessária a fuga. O regatão, hora dessa, devia ter chegado no Cumbe. Levou-lhe duzentos mil-réis e foi pouco. Pelo preço, Arlequim não arriscava seus coroços como o mascate arriscou, que, se a traição fosse descoberta...

Arlequim pensou, depois, na companhia forçada dos meninos até Uauá. Não gostou! Ia ter de dar uma volta muito grande para chegar no Cumbe. Mas se tivesse de ser comboiado até juazeiro, seria bem pior. Claro que não fazia a mínima tenção de ir a Juazeiro. Fazer lá o quê? Tudo estava saindo tão comodamente que não valia a pena forçar mais. Tinha de dar a volta por Uauá por via dos meninos... Paciência! Daria a volta!

O maroto esqueceu-se foi de gemer. Com o repiquete do chefe, porém, começou a não achar mais jeito de sentar com a perna estirada.

— Ai, ai... Só peço ao Senhor do Bom Jesus que, se eu tiver de morrer, seja depois de dar por cumprida a ordem do santo Conselheiro... Entregando a carta, pode acontecer o que acontecer... nem me importo mais! Só há de ser cumprida a ordem...

— E não há de ser? — Abade entornou pelos vazios um gole considerável de caninha da boa, de alambique de barro...

104

Quando Vila Nova acenou de dentro para Arlequim, ficou mais aflito, porque Pedrão rasgou a caneca de folha, de meio a meio, com uma estrepitosa gargalhada:

— Quero cana! Quero cana! Muita cana em caneca de macho! Bichinha Ritinha do Vila Novinha... Bichinha Ritinha, me dê a caninha. Matar macaco é pura da besteira... Do meu gosto, eles estaria tudo bebendo mais eu... Tudo bebo que nem gambá!

Tinha começado, direto, um dos raros porres do mulato. Até onde ia chegar, só Deus saberia! Quem é que podia impedir nada?

Rita correu com outra caneca e, quando Julinho voltou, mais o meio-irmão, da casa de Doralice, só fez foi olhar para o velho. Pedrão estourava nas gargalhadas.

— Joãozinho, meu filho... tu é meu filho, Agostinho é meu filho... Tudo é uma coisa só. Então, tu já conta treze ano? Tu vai matar macaco que nem eu? Eles são é burro de vir pra cá... Melhor era ficar na Bahia, enrolado com suas mulheres... Mas vêm sempre... Querem bala... Sei não!

— Sô Abade — Arlequim estava aflito por se despachar, pouco se importava com Pedrão, com sua cachaçada —, os meninos já estão aí... Agora, é pra fazer mais o quê?

— O que pode ser mais? Você já tem o jegue, a arma que Pajeú lhe arrumou. Já tem a carta. Carregar a perna doente é obra de você mesma. O que tem de fazer agora é viajar! Os meninos só vão até Uauá porque foi o Conselheiro que mandou. Eu não vejo percisão. Para ir era até o sítio do barão. O que carece é vigiar a carta. De lá, acabou! Você pode até se estuporar. Rancharia fica a duas léguas das pequenas de Uauá... é só o que tu tem de caminhar na desacompanhação. Tu leva a carta direito!

Abade estava também meio borracho. Começou a falar alto, fazendo coro com os berros de Pedrão:

— Tu leva a carta direito, sinão...

Arlequim não achou mais utilidade na submissão. Não escutou a ameaça. Quando Pedrão estrugiu novo urro, saiu sem disfarce para atender Vila Nova, na sala da frente do armazém.

— Você vai sempre de viagem, Arlequim?

— Rumo certo. Manhã cedinho! Por quê?

Dentro, Pedrão prosseguia no destempero:

— Nós não tem queixa de sô Moreira César. Sô Moreira César não tem queixa de nós. Mode que nós tudo não vive na paz, tumando nossa bebida? Quer tiro? Apois? Morrer tem graça? Me diga, sá Ritinha: morrer tem cabimento?

Vila Nova não sabia por onde começar:

— Tenho a lhe pedir um favor... Sabe? Agora, portador é difícil pra danar... E logo o Arlequim... tão... Tu te lembra que eu sempre lhe acudi? É ou não é? O sinhô não vai viajar assim puro, não! Sempre há percisão no caminho... Já mandei Rita preparar um samburá... até mesmo... Melhor o sinhô guardar esses cinquenta mil-réis...

— Mas... Obrigado, seu Vila Nova! Diga sempre o que quer de mim... de Juazeiro.

— Tenho lá uma irmã casada com Lico Bravo... um roxinho que trabalha no cais do barranco. Um roxinho... É coisa fácil de achar. Perguntando... É que...

Arlequim aproveitou a pausa para examinar de longe o embrulho que o outro tirou de uma gaveta, muito enrolado, bem amarrado.

— Essa irmã — prosseguiu o vendeiro — tem uns papéis comigo. Coisa sem importância... coisas lá dela. Nem valor a bem dizer... Presta não! Mas diz que é de muita serventia lá dela... Sempre escreve... recomenda... não...

Vila Nova começou a se enredar com tanta desculpa. Irrisório para a sagacidade de Arlequim. Felizmente, um urro de Pedrão evitou-lhe maior embaraço. O viajante pegou o embrulhinho e terminou:

— Sim! Já sei, sô Vila. É para entregar a Lico Bravo, o roxinho do cais de Juazeiro. Não tem dúvida! Não tenha mais cuidado: no dia em que eu chegar, no dia mesmo, o pacote estará nas mãos do Lico. Tão certo como os bichos vão me comer!

Pedrão irrompeu cambaleando. Levou o balcão pela frente. Passou o braço pelo pescoço de Arlequim, olhou-o dentro dos olhos como quem diligencia reconhecer alguém de muito longe. Olhou mais. Olhou demoradamente:

— Mijão!

De um tranco, arrebentou a porta e ganhou a rua.

— Quem for macaco chega pra beber comigo! Negócio de sangrar é pra suçuarana! — e lá se foi sozinho, com suas gargalhadas, em direção ao cruzeiro. Ninguém o seguiu.

Arlequim, aprumando-se do violento abraço, foi conversar com seus companheiros de jornada.

Pouco depois, saíam os três.

105

Taramela largou-se na escuridão da noite ao encontro do gigante bêbado.

Pedrão tinha escolhido justamente o canto da igreja onde o Conselheiro descansava para fazer sua algazarra.

Daí a pouco, Pedrão regressava para a venda trazendo debaixo do braço em arco, como quem carrega um pipote, o corpo roliço do sacristão.

Duas perninhas soltas no ar se agitavam doidamente.

— Vila Nova, cabra da peste! Vila Nova... Vilinha Novinha... Taramela vai beber dez martelos de pinga para ir brigar de mão com seu Moreira César antes dele comer a gente no ferro! Vila Nova, miserave, dá cachaça pra gente!

E a gargalhada foi a maior do mundo.

106

Cavalcanti foi de largada solta no espio do sol.

Não se despediu de ninguém. Nem mesmo tomou a bênção ao Conselheiro. Luxo não é pra jagunço.

Separação de dois deles é engraçada: sem dizerem palavra, um encosta de leve a polpa dos dedos unidos no lado do peito do outro e recebe a mesma cortesia.

É só!

107

Há pessoas que exageram a imperfeição das coisas.
Seria descabido que Arlequim, por causa de seu ferimento, no máximo uma erisipela, conseguisse tantos cuidados de um povo que andava de cama e mesa com a morte.

Judia do Valentim carregava seu antraz muito pior, muito mais doloroso, e ninguém dava fé disso.

Escaras mais terríveis, mesmo em crianças, eram besteirinhas.

Ali, a cada passo, se podia alcançar o paraíso com a mão.

Mas seria descabido se Cavalcanti fosse menos matreiro e se não houvesse tanta urgência em levar a carta para o barão, em Rancharia.

Foi o vento da oportunidade.

Por isso, Arlequim conseguiu arribar. Nem Vila Nova tinha ainda achado maneira de abancar para a segurança. Esperava fugir, um dia, com seu couro e seu dinheiro, mas não havia de ser com o consentimento de chefe nenhum.

Aderga que, em Canudos, mais do que em toda parte, passavam-se coisas sem explicação. O caso de Isaura do Dodó?

Dias antes da guerra, chegou de Pombal uma roxinha irrequieta.

Era pra fazer vida de mulher-dama.

Calhou de o santo ter se insurgido, pela manhã, na igreja, contra a prostituição. Disse que amor de necessidade de macho era rumo do inferno. Só o que arredava os homens do céu...

João Abade logo mandou açoitar Isaura do Dodó.

Tanto deram na roxinha que ela morreu da surra.

O caso de Arlequim foi igual. Há pessoas que exageram a imperfeição das coisas...

108

Taramela é que não esqueceu a afronta de Pedrão.

Quando acenderam as fogueiras da praça para a prédica do santo, todos perceberam que Abade não estava presente.

Era de hábito o mameluco presidir toda a cerimônia, desde o comecinho. Desde que as meninas da igreja faziam as fogueiras.

Mas foi só quando o Conselheiro apareceu que, por trás dele, representou o chefe de gibão novo e calça de pano azul ainda marcada na dobra, da maxambomba.

Então o Conselheiro falou uma porção de bobagens e terminou por promover seu filho fiel e temente aos evangelhos.

Promoveu João Abade a comandante da rua.

O nome sem expressão daquele posto diferente fora escolhido pelo seu idealizador: Taramela.

Antes, houve muita parlamentação entre os dois.

João Abade abriu-se num sorriso de satisfação tão grande que Judia do Valentim não deixou de ter inveja da amiga que, sozinha, podia ter quantos sorrisos daqueles bem quisesse...

109

Mané Quadrado passou dos Fiapos, com os meninos, para a labuta distante.

Os meninos eram Viamão, Rocha e Lelé Canhoto.

A catrevage que levavam, um rol de alavancas, malhos, ferros, picões, era para ajeitar o canhão deixado pelo major Febrônio, na estatalada da fugida.

Há dias, vinham pelejando na dureza para acertar mão na coisa.

O Krupp estava muito para cá da serra do Atanásio, bem na boca da perambeira. O lugar se chamava Pedra Funda. Com muita razão.

Quadrado já amornava na desesperança de atinar com o manejo do bicho.

Desde manhã negaciada até às ave-marias, os quatro, tão atreitos a mexer com essas coisas, só faziam era botar tempo no mato com aquela infecundação de puxa para aqui, aperta acolá.

E nada!

Serviço no arsenal já estava se ressentindo. Guerra próxima e mancando braço de obra daquele jeito.

Se Mané tivesse mais povo de ajuda, certamente já teria trazido a peça para o arraial, mesmo com aquele eixo empenado.

Endireitar o eixo grosso de aço alemão era trabalho à parte. Para depois. Primeiro, carecia estudar e entender o funcionamento da joça. Mas se nem a forma e o peso da bala se sabia? A pólvora? A espoleta usada?

O velho habilidoso se convenceu, por termo, do impossível. Não havia cabimento à empreitada e o trabalho prosseguia só de teima maluca.

110

Quadrado voltou aquela vez ainda, mais por uma meninaria: estava curioso de ficar sabendo como ia findar a luta das formigas. Já era o terceiro dia!

A guerra começou assim: quando comia um beiju de almoço ao pé da matadeira misteriosa, brilhando de suor a sereia tatuada no peito maltratado, o chefe viu, por acaso, na espalhação do claro, um bando de formigas-ruivas ao redor de um formigueiro grande, num de lá para cá apressado, que não se entendia.

111

Grande parte dos fanáticos nem nunca tinha visto o mar...

A sereia azul que estava brilhando de suor no peito maltratado do chefe, mais a presença de Arlequim em Canudos, explicava o inusitado de tanto termo marítimo entremeado no linguajar dos jagunços.

112

Quadrado estava pondo atenção nas formigas. Logo, de uma moita de palmatória-do-inferno, perto, deu a aparecer umas pretinhas, miúdas, num assanhamento mais doido do que a arremetida. Coisa de pouco minuto, os bichos se misturaram. O entestamento grassou por todo o limpo. De três em três, de uma em duas, de quatro em cinco, tudo brigava que nem jagunço disparado.

Quando o sino chamou, a batalha tinha arrefecido. O que se via mais era o burburinho de formiga esperneando sozinha.

Dia seguinte, Maná se abismou, porque, no chão, só restava das ruivas. Umas toradas no meio, outras sem pernas... Ainda chegou a tempo de ver o sumiço das pretas: as vivas estavam espalhadas no mato, desde lá de baixo; as mortas eram levadas para o formigueiro inimigo, sumindo dentro do olho, carregadas pelas ruivinhas sadias.

As ruivinhas levavam as pretas, mas as companheiras, mesmo aquelas ainda se escabujando, ficaram largadas no sereno.

113

Então Quadrado resolveu desarmar as rodas e o cano do canhão. Levariam só a alma do Krupp de arrasto. A braçadeira mais fina, junto do cofre, começou por não se abrir, mesmo depois de solta das longarinas. Nem com as alavancas. Aquilo, só mesmo a fogo de forja. Sentaram-se um pedacinho para tomar nova sustância e ficaram olhando, sem propósito, as formigas mortas. Algumas novas recomeçaram a zanzar entre elas.

114

Viamão apontou: deslizando pelo chão, ondeando macio por cima das folhas caídas, dos gravetos, dos quipás, um quadrilátero preto e luzidio, compacto como se fosse uma coisa inteiriça, dois palmos grandes de beira, vinha direto para o claro. Foi aproximar-se e, do formigueiro, esguichou um jorro de ruivas.

No desmancho do quadro preto se formou outro baticum do Cão. A peleja entrou pela tarde adentro.

115

Dia seguinte, a coisa estava no mesmo pé. Como de primeiro, o tapete já ia parando de mexer de tanta morte.

Mané estava ocupado na tentativa derradeira para aproveitar o canhão quando novo quadrado, três vezes maior do que o da véspera, alto tanto assim de formiga, umas por cima das outras, veio subindo e descendo pelo álveo do terreno. Parecia uma gelatina disforme, ondulante.

Do buraco, saiu mais um tiquinho de ruivas. Não deu para o gasto! As pretas passaram por riba delas como se fossem toquinhos do chão. Não deu nem gosto!

Quando chegou junto do olho, o quadrado torceu uma ponta e entrou de lança pelo chão adentro como água em ralo destampado.

116

Mané Quadrado pensou lá dentro dele que, em Canudos, um dia, a coisa ia ser assim também... Ficou triste. Coçou o queixo quase sem barba e abanou a cabeça pausadamente:
— Está certo! É assim mesmo...
Logo se levantou. Com fúria desmedida, aparecida de destrambelamento como folha em galho seco quando chega o verde, pegou a alavanca e avançou para o canhão, recomeçando a faina do desmantelo.
Lelé Canhoto caçou a marreta e lascou no bicho. Viamão e Rocha, descompondo e excomungando, calçaram as braçadeiras rebeldes de ferro mais duro do que malvadeza de vingança.
Com o impacto conjugado, premida de um lado só, a peça se desequilibrou. A roda emperrada fez de pião enquanto a outra, livre, girava para trás.
Rocha quis meter o pé no aro para sustar o movimento. Só fez foi arrancar a unha do dedão por sob a tira da alpercata.
A roda, no redondo do recuo, pinchou fora da ribanceira todo o lado esquerdo do engenho pesado. A ponta do cano levantou de sopapo, atirando Mané Quadrado de encontro ao barranco de cima. Rocha, mais doido do que cego no fogo, se abraçou com a roda girando no vazio.
Juntou foi mais peso de empuxo. A ponta do cano terminou a volta e embicou na decisão para o precipício.
Na primeira batida, num peito de pedra, antes de levantar a fumaça de pó, um esguicho de sangue deu Rocha por findo. Veio o segundo tombo. E outro. E outro mais embaixo.

A zoada só terminou quando o canhão ficou de papo para o ar, no fundo apertado do grotão.

O corpo de Rocha ficou balançando num pé de icó, a meia encosta.

Quando se desanuviou a poeira de quartzo de areia levantada e o eco da queda largou de reboar lá nos confins da serra, Mané Quadrado espiou no buraco.

— Vote! Nem assim o ovo do Cão se desmantelou... Tesconjuro, filho da peste!

117

Judia do Valentim foi a única que chorou com vontade a morte de Rocha.

Afinal, era só ele que, vez por outra, tomava uma chegadinha na casa de Doralice, onde os dois se encontravam de passarinho, mais assustados que preá quando ronca temporal...

118

Moreira César, com as suas trambulhadas de carretas, metralhadoras, granadas e cavalaria, com seus mil e trezentos homens fardados de calças listradas de carmesim e bonés de fita vermelha tão pouco indicados para uma campanha a ser efetuada num meio todo ele pardo como o próprio inimigo, como o chão, os vegetais e os socavões de pedra, largou-se de Monte Santo, sem prevenir ninguém. 21 de fevereiro de 1897.

Nem esperou que chegasse o dia combinado com seu estado-maior.

119

O tranco da nova não achou a jagunçada desprevenida como os soldados.

Em Pitombas, Pajeú começou serviço limpo. Ordem era guerrear de dentro do mato. Quando, uma semana depois, viu a vanguarda do corpo legalista comendo a estrada de Angico no calor das duas horas da tarde, abriu um fogo manhoso de pirraça.

Os soldados, rebatendo bala moderada, foram tomando rumo de Umburanas.

Pajeú perdeu dois companheiros. Raimundo Fogaça e Pedro Dias. Nos trocados, matou para mais de trinta.

120

Moreira César tomou pé no choque. Mandou o avanço acelerado. Boa medida!

No aberto, a pressa era muito mais maneira do que no entrinçado da caatinga. Além do mais, cavalaria corre. Para trás só ficou o pesado e o rancho.

Tudo bem guardado pela artilharia de Salomão da Rocha. Não adiantava bala solta. Pajeú não teve remédio senão perder alcance. Teve de se contentar em seguir na pisada do grosso até escutar o pio de Pedrão, de atalaia, atrás da Tapera Grande. Isso já quase na crista da Favela. Vendo Canudos.

Pedrão tinha espalhado sua gente, mais numerosa, entre Umburanas e o Alto. Só faziam espiar de dentro do cerrado, esperando ordem.

Já o sol estava bem cambado quando, por uma brecha de icó seco, o mulato distinguiu os bonés vermelhos. Pelo apertado do passo que levavam, percebeu que Pajeú tinha perdido força de acompanhamento. Os macacos vinham livres.

Resolveu demorar na tocaia até fazer contato.

— Virge! Zé da Guia — comentou baixinho com o companheiro mais próximo. — É gente muita!

— Mais melhor, sô Pedro. A gente pode até atirar sem fazer escolha... — falou Neném Marimbondo.

— Tu viu Julinho?

— Tá nos fundos do povo de Abade. De junto do arraial...

— Menino bom mesmo! — terminou Pedrão estufando de orgulho pelo filho.

121

Abade, tendo derramado sua gente pela encosta da esquerda, estava amarrado a Pedrão no pio.

O comandante da rua pensava se não tinha sido muita facilidade deixar a vertente da direita inteiramente desguarnecida. Também, quem ia se aventurar por lá? A rampa muito suja era de uma inclinação tão forte que se defendia por si... Tirou o pensamento da rampa.

122

Pouca hora depois, Pajeú piou pelo chefe. Foi Pedrão que respondeu de intermediário.

Abade deu ordem para os dois acenderem tiroteio pesado. Pedrão piou logo e abriu-se fogo.

Abade, quieto com os seus, caçava brecha de começar. Antes, pesou a reação. Foi bárbara. A resposta veio com muita granada. Depois, as rajadas de metralhadora varreram o mato rasteiro para todos os lados. Mais tarde, foi mantido só um foguinho de segurança.

O mulato e Pajeú não se atemorizaram. Mantiveram o ataque sem esmorecimento.

123

O fuzuê comia solto quando os três jagunços chefes se surpreenderam. Embaixo, Taramela deu de badalar de alarma. A coisa não tinha termo!

124

Moreira César levava um guia leal e conhecedor. O velho Jesuíno, além do mais, era imprudente. Percebendo que os jagunços estavam de calço na força só pela retaguarda e pela esquerda, imaginou logo que eles tinham feito exatamente aquilo que preocupava Abade: a descida pela direita estava livre.

Uma parte da infantaria ficou mantendo batalha apenas para entreter o inimigo, enquanto o resto vadeando os corregozinhos que desciam para o Vaza-Barris se aventuraram pelo declive desguarnecido. A artilharia, volteando por trás da Fazenda Velha, foi tentar a descida pelos socalcos do Mota com bestas e cordas. Por ali também foi toda a cavalaria, que, muito mais ligeira, apesar dos tropeços do terreno difícil, deveria chegar em frente a Canudos antes mesmo do troço. O plano de Moreira César, já montado, era invadir o arraial logo que chegasse embaixo. A infantaria, depois, faria o reforço, se fosse necessário. Por fim, os canhões, à hora que chegassem, garantiriam a posse definitiva do povoado.

125

Pajeú, o mais distante dos três, se assombrou com o sino que mal ouvia.

Pedrão, combatendo de costas para o ápice da Favela, de onde poderia ver Canudos, espremido entre a pedra e a Tapera

Grande, ficou no ar. Abade, que ainda não tinha entrado na luta, é que viu tudo e avisou. Mandou Pajeú segurar a tropa lá em cima, como pudesse. Chamou Pedrão e desceu na carreira pela vertente da esquerda em direção ao arraial.

126

Só quando o povo da rua viu que a cavalaria de Moreira César já estava atravessando o Vaza-Barris, num remexido forte de águas, foi que Taramela se despencou para o sino, anunciando a invasão.

127

João Abade estava em dia de muita decisão. Não se perturbou ao divisar a soldadesca tomando conta das casas e becos que ficavam mais perto do rio.

Pedrão chamou:

— Abade... Carece é não deixar mais ninguém atravessar. Vamos cruzar fogo por riba do rio. Deixa pra lá os que já entraram na rua... — o mulato estava calmo — brigar de mão, de jeito nenhum. Pia pros meninos...

O matinho ralo, de baixo, não permitia mais guerra de caatinga largada. Era só um mata-pasto depenado. Contavam apenas com as trincheiras de pedra seca, superpostas, rasas demais para abrigar de pé os atiradores. Entre elas, só se podiam locomover de rastros. É o que faziam os homens do Conselheiro. O resultado foi aquele mundão de baixas.

128

Quem descesse da Favela, pela direita, não entrava em Canudos sem ter de atravessar o Vaza-Barris. A margem esquerda, de cima, não dava passagem, colada que era na pedra lisa. Para Moreira César, foi fácil a vadeação lá no alto, mas cortar a corrente já crescida de seis ou sete palmos, em frente ao arraial, ainda por cima sob fogo cruzado, era empreitada árdua. Mas, como no começo da invasão não havia defesa, a tarefa teve bom êxito. Não fosse assim, não estariam dentro da rua tantos macacos, inclusive o chefe maior. Quando a cavalaria passou, Abade ainda não tinha descido. Agora, já o reforço de infantaria, atrasada no caminho da vertente mais íngreme, não podia passar com a mesma facilidade.

O fogo de barragem tinha começado duro. Pedrão e o mameluco tinham percebido a vantagem.

129

Descoberto o plano de Moreira César, era inútil Pajeú prosseguir expondo-se na Favela. Recebeu ordem de descer também com os seus homens e recuar pela margem até depois do cemitério. Devia conservar os cabras dispersos, fora do combate, mas vigiando sempre para evitar alguma incursão por ali, o que seria extremamente perigoso para Pedrão e Abade, que combatiam de frente para o povoado.

É que ninguém sabia se Moreira César tinha mais retaguarda além da representada e, na guerra, tudo pode acontecer.

130

Os dois chefes maiores, sempre cruzando fogo, avançavam aos poucos pelo rio até onde um ou outro inimigo vadeava sempre a torrente. Julinho, mais afoito, era o que estava mais adiantado. Tomava outra posição ainda mais perto da ladeira das Lavadeiras, já dentro do arruado. A ladeira era a última para quem vinha de saída. Pouco mais, ficava sem alternativa senão combater de avulso, no corpo a corpo.

Abade avisou a Pedrão que mandasse o menino parar. Pedrão não fez caso. Avisou outra vez:

— Pare esse menino, sô Pedrão. Eu estou é lhe dando ordem de comandante. Ele é teu filho, mas quem manda sou eu. Pare esse menino...

O mulato, colocado entre os dois, sem tirar os olhos do filho, embora mantendo o fogo cruzado sobre o rio, exclamou:

— Menino teso!

131

Abade percebeu a tenção de Julinho: ia subir para o arraial. Parecia mentira!... Resolveu gritar bem alto para ordem direta:

— Menino, filho de uma égua! Pare aí, desgraçado! Tome sentido que na rua não tem ajuda e tu pode levar bala até dos que estão atirando da igreja ou dos fundos de Doralice. Se tu escapa, quem te sangra sou eu...

Então, o pai resolveu acrescentar:

— Segura fogo daí mesmo!

Julinho virou-se para o rio para cumprir a ordem. Quis tomar altura, mas não chegou a se erguer de todo: um soldado dos que já tinham atravessado lá adiante, percebendo a manobra interrompida do rapaz, tornou pela ladeira, rápido, justamente por trás do jagunçote.

Pedrão não teve tempo senão de triscar no vento e arrancar o tampo da cabeça do inimigo na lâmina da parnaíba.

Mas Julinho já estava de borco, atravessado pela baioneta legalista...

132

Foi Pedrão se agachar junto ao corpo do filho e mais dois macacos tomarem chegada pela mesma trilha. Trincando os dentes de doer na raiz, Pedrão não dava mais fé do assunto. Até a faca tinha largado no chão...

Abade mais Juca Duro derrubaram os dois no tiro.

Vinham mais soldados.

Num pulo, o chefe estava junto do companheiro vário.

Abade abraçou o mulato com o braço livre, soluçou o bicho do chão como quem abala uma árvore e rolou com ele para dentro d'água.

No degrau do barranco, deixou serenar o perigo.

Juca desviou alguns homens para proteger os dois chefes e assumiu o comando do fogo cruzado.

133

Quando Pajeú desceu a meia encosta da Favela e dispersou seus cabras para debaixo do cemitério, ficou surpreso: que tiro solto era aquele lá em cima? Ficou escutando.

Não era coisa de dúvida que, da crista do morro, os soldados estavam atirando sobre Canudos. Já estavam nesse fogo há muito tempo. Começaram quando Pedrão teve de dar folga no cerco para seguir o comandante da rua, deixando livre a Tapera Grande. Mas aqueles tirinhos intermitentes, de manhã da boa, vindos de um lugar só, rasteiros de levantar areia, de pontaria certa em riba da força do governo, eram tiros de gente do Conselheiro...

Que jagunço da peste zombou de seu pio de parar fogo e descer a encosta?

Pajeú carregou no olho: os tiros continuavam.

Piou de chamada.

Silêncio.

Piou mais fino e apontou o ouvido. Resposta foi bala zunindo do chão em cima do soldado que Pajeú viu emborcar na perambeira.

— Pontaria do Cão! — Atreito a guerrilhas de emboscada, Pajeú distinguiu numa beira de chão uma touceira de jurema igual aos milhares delas que se espalhavam pelo rampiado.

Os soldados também terminaram por ir no rumo das juremas. Pajeú percebeu e teve vontade de sapecar chumbo em cima deles. Mas a ordem era de não atirar senão numa investida. Aquele companheiro destemido como a miséria não podia ser sacrificado só porque, no desobedecimento, não se conservou fora da briga. Tão longe, não podia avisar Abade. Não resistiu:

— Genival!
— Oi! — responderam do mato.
— Tu viu lá em riba? — a voz era um sopro.
— Muito tempo.
— Quem é?
— Sei não...

Os soldados, catorze ou quinze, se aproximavam das juremas protegidos também pelos acidentes do terreno irregularíssimo. Um deles graduado. Mau é que o atirador estava sendo cercado e não havia mais muita possibilidade de retirada por maior que fosse o estrago que fizesse. Já outros soldados tomavam posição nova...

— Genival!
— Oi!
— Pode ser?
— Pode não!
— Vamos subir uma coisinha?
— Nós tudo?
— Quem tá com tu?

— Do lado, Juca. Sandoval e Moxo, mais pra lá. Cascudo e Peroca, no rio...
— Chega! Pia pra eles e vamos!
Genival piou.
Subiram de barriga no chão.
Na primeira salva dos jagunços, os soldados suspenderam o cerco, num susto, pondo-se em guarda, já agora para topar fogo de baixo.
Da moitinha saiu outro tiro manhoso: derrubou mais outro macaco. Mas foi o último.
O atirador percebeu a manobra dos parceiros. Saltou fora de uma búrica que não tinha três palmos de diâmetro e o fundo só era bastante para resguardar uma criança: o socorro veio bem na hora...
Antes de servir de mira para algum atrevido, o jagunço avulso se jogou de ponta-cabeça pelo declive, sumindo na vertente oposta.
Aos saltos, no rastro do menino, Pajeú reconheceu Valoroso e sorriu.
— Quá! Destemperado do Sujo! Aquilo ninguém não mata não... Aonde?!...

134

Quando os legalistas deram na cova onde Humberto estivera, só encontraram para mais de trezentos cartuchos vazios. De Mannlicher. Os que tinham sido roubados da força, em Monte Santo.

135

Pajeú mandou desfazer a ordem. Já vinham no arrasto da volta quando o lugar-tenente de Abade deu de olho no graduado. Major! De novo, não pôde resistir à tentação: — Aquele não me escapa!

— Vão indo vocês — disse a Genival. — Eu me demoro um tiquinho.

Deitou-se no fio de uma vala feita pela erosão das chuvas de março e se danou de subir de rastros.

Quase no topo, já perto dos soldados entretidos no exame do buraco, um degrau de barro duro cortou-lhe a difícil avançada.

Pajeú passou a arma para a mão esquerda e, com a direita, caçou apoio.

Estava apalpando terreno por cima da cabeça quando sentiu a pregada antes de ouvir o chocalho.

Escondida na assombração de tanto tiro, a cascavel, de banda malhada, encolheu-se de volta dentro do barranco brechado. Pajeú só viu a rosca, no capricho do desenho repetido das escamas brilhantes, arrastando um chuvisco de areia solta...

Sacudiu a mão no sobressalto do susto. Não tinha jeito.

O pensamento correu na vadiação até o tempo de menino catando quixaba madura nos matos de Assuaruá.

Pajeú só sabia que era o fim mesmo. Estava perdido de uma vez! Quem ia ver Mané Quadrado com um ferro em brasa para cauterizar a picada, depois de abrir um talho fundo por onde devia escorrer o sangue envenenado?

Com tanta gente morrendo calada, não era Pajeú que havia de abalar por ali, na gritaria, que nem menino chorão.

E a imaginação naquela teima aborrecida de quixaba... Representava vivo as relhadas do pai que o governo matou, dentro de um couro de boi, na revolta do Quebra-Quilos.

Reagiu, que não era para pensar no passado. Largou a Mannlicher já inútil, com uma saudade danada daquela coronha tão riscada de talho.

E só tinha marcado as mortes de certeza... Se fosse para marcar tudo, não havia arma que chegasse.

A dor começava a pinicar dentro dos olhos.

Sacou depressa de uma faca. Passou o fio da lâmina pela língua seca e arrancou o escapulário do pescoço: envolveu-o no cabo da arma.

Examinou a picada na polpa da mão. Benzeu-se sem sentir mais os dedos.

Marcou bem o rumo dos soldados e achou o graduado:

— Major!

Peito aberto, levantou-se de impulso, contraiu os dedos dos pés e largou-se na correria mais doida dentro dele. Só sentiu aquela bala na barriga pelo soluço do corpo:

— Que se dane!

Soldado crescendo lá na frente, bem no seteado da direção do graduado, o jagunço pulou por sobre o corpo de um companheiro.

Sentiu mais dois tiros furando lá pelos seus debaixos. O corpo devia ser do Abel, o menino de Serrinha. Era de hoje que o cabra não respondia mais aos pios de chamada? O chão estava salpicado em volta que nem juá maduro espalhado.

Pajeú sentia a língua crescer dentro da boca no repiquete do veneno. Saliva corria para fora e se soltava em escuma no vento da carreira.

Com o pensamento seguro no tempo de menino, via tudo embaciado como se estivesse dentro d'água do Vaza-Barris.

Mesmo assim, o olho ia pregado no magote de soldados atirando em riba dele. Via era aqueles canos de ferro apontando, faísca pulando nos novelos de fumaça. Fez foi apertar bem o cabo da faca no meio da mão sadia.

Quando a perna torceu, já estava juntinho dos praças, com o major na mira.

Devia ter entrado em mais chumbo quente. — Importa lá! Tesou a perna fraquejada. Mão firme no ferro. A outra, mesmo inflamada na dormideira peçonhenta, vinha pronta para patolar o pescoço do militar. Era para fazer resistência na entrada segura da lâmina. Se não enterrasse até o cabo nos vazios do macaco, o serviço não seria de apresentação.

— Pajeú nunca deu que não fosse pra derrubar! — ele mesmo se encorajava. Não havia de ser na derradeira pregada que, por um castigo, mancasse a certeza...

Agora, só faltava um tantinho assim, mas a perna não aguentou mais...

O corpo foi na frente, o oficial saiu de banda. Pajeú meteu a cara no chão de escorrego, sangue borbulhando num morno de café entornado.

— Só a mágoa que levo é não lhe ter sangrado nas profundas. Miserave! — a voz era sangue puro. — Diga sempre pra fraqueza do governo que, enquanto tiver jagunço doido de olho aberto, macaco nenhum...

Pajeú continuou a falar na bolçada da alma: — ...nenhum da tua igualha bebe água de nossa cacimba...

Falou o que queria, mas não ficou sabendo que a espuma encarnada, borbulhando no pé do ouvido, foi só o que apagou de vez a lembrança do tempo de Assuaruá...

136

— Tem nada não! — Francisco Piranha assumiu o comando do povo de Pajeú.

No eco da raiva, piou de largada no meio daquela guerra em separado.

Dos soldados que estavam em volta do oficial não ficou um só com vida. Mas, na desvantagem da posição, do alcance das armas, da ligeireza do tiro, a horda de Piranha ficou destroçada.

Genival mesmo, com a sede e com o impulso, foi tombar quase ao lado do chefe.

Piranha embolou-se com a barriga arrombada de tanto chumbo.

Quarenta mortos juncaram o trato da vertente...

Um pé de mandacaru balançou a lança lá em cima, torceu para o declive e arriou de manso, torado de bala.

137

— Te guenta, Pedrão! Cabra bom froxa não. Avia que macaco está sendo dono de Canudo e os meninos estão sem comando!

Pedrão soltou um grunhido fundo como se estivesse bêbado na venda de Vila Nova.

— Mataram Julinho... de ferro... Abade, meu filho, agora eu vou é matar até morrer!

De um pulo ligeiro como jaguatirica macheada, saiu para a margem.

João Abade viu o perigo a que Pedrão se expunha naqueles abertos fogueados. Do resguardo do barranco, puxou-o pela perna.

O mulato caiu, mas de tenção armada pôs-se de pé outra vez:

— Me larga, Abade! Me deixa!

O comandante da rua se viu na impossibilidade de contê-lo. Pedrão era, na força pura, mais forte. Ergueu-se também, embora as balas passassem rasantes de um lado e do outro, e largou um murro seguro na boca do estômago do companheiro.

Pedrão rolou que nem uma coisa.

138

Joaquim Macambira tinha assistido tudo de longe, pensando no pai: "Cum'é que o velho estaria se arranjando dentro da rua, mijão como ele só?"

Deixou Abade cuidando de Pedrão e manteve a ordem de cruzar fogo na retaguarda da tropa:

— Tem nada não, sô Abade! Pode largar de mão o barulho que a gente segura...

139

A água do rio descia manchada de sangue.
Agostinho é que estava com o Cão. Era de hoje que derrubava cabeça-vermelha só no solavanco da Comblain?...

140

Em Canudos, felizmente, estavam Mané Quadrado e o velho Macambira. Improvisaram bem uma chefia e a barricada de defesa.
Abandonando à sorte as casinhas da parte de baixo, à direita, já invadidas pela força do governo, reforçaram a resistência em cima.
De provisório, a invasão ficou estacada ali.

141

A tarde começava a refrescar. Para mais de quatrocentos jagunços já estavam mortos numa semeação de tristeza.
Soldado em quantidade...
Sempre foram de muita valia as barricadas de pedra solta, superposta, levantadas na vertente conservada pelos fanáticos.

142

O povo do arraial estava quase todo dentro das duas igrejas.

Desde que Taramela desandou a bater o sino, no aviso, foi a correria aflita.

Velho Macambira foi um dos primeiros a disparar para lá. Mas, de seu abrigo, na igreja nova, traçou rápido o plano de defesa geral: despachou Viamão para os Fiapos. Ali não havia cuidado maior, não obstante fosse o arsenal. Pela situação, o bairro era o mais distante da luta. Só seria atingido depois de tudo acabado. Mesmo depois da queda das igrejas. No fim!

Beatinho ficou sendo o portador: uma espécie de ajudante de ordens. Valente e ágil como um gato, corria num deslize pela rua distribuindo recados, armas e munições. Até cuités com água para os feridos. Tanto havia de fugir das balas de frente que ultrapassavam as posições de Mané Quadrado como das do alto da pedreira, comendo solto, agora que ninguém estava lá para evitar.

O estrago, de umas e de outras, era pouco, porque não havia nada de resistência nas trajetórias. Furavam dez ou doze paredes de palha e morriam sem força quando não acertavam em ninguém.

Na igreja velha, o depósito estava muito desfalcado mas, mesmo assim, ainda atendia às necessidades mais prementes. Bala e pólvora é que tinha muita coisa! Beatinho entrava, enchia os aiós no tiracolo e disparava outra vez.

Mané Quadrado ficou na frente da resistência. Tinha, se muito, oitenta defensores. Nem isso. Fez uma barricada em toda a largura, no meio da rua Campo Alegre.

A barricada se prolongava pela cabeça da ladeira por onde desceu o soldado que sangrou Julinho.

Entre os defensores, na banda da ladeira, estava Doralice, a pretinha destemerosa de Serra Branca.

Defendida no socavão de uma viela, o beco onde morava Judia do Valentim, Doralice já tinha atirado tanto que o dedo estava dormente. Apanhou mais dois punhados de balas com Beatinho, arriou a arma, passou cera de cunanã nas mãos, mudou de ombro a Mannlicher recebida por mimo, de Macambira, e se danou na canhota.

Até o sol descambar, os soldados não avançaram mais nem um palmo...

143

Maria Olho de Prata não gostava de briga. Largou sua casinha pros à toa. Possível que estivesse invadida por soldados e remexidos todos os seus poucos trens. Mas não quis meter-se na igreja também. Procurou abrigo com Arimateia e o caçula da preta sadia, o Miguel, na venda de cima de Vila Nova.

Dali, daquela retaguarda, ficou apreciando a azáfama de Mané Quadrado, como chefe de labuta de sangue.

De Judia do Valentim é que apareceu o boato: a branquinha tinha matado um macaco de faca! Não fez passo de deixar seus cômodos nem mesmo quando a força legal invadiu a rua.

Ninguém ficou sabendo. O corpo do soldado estava de fato caído na soleira da mulher. Foi Doralice que viu. Mas

Judia não ia contar nada! Também estava atravessada no beco, olhando parado o céu, pernas espalhadas, a boca cheia de terra.

O braço ainda ficou meio levantado na proteção do tumor.

A saia, na altura das vergonhas, era sangue só.

Foi é muita bala!

Mais pra baixo, Geraldo e Candinho, dois meninos dos bons das Alagoas, sorriam estripados de baioneta entre um bolinho de inimigo morto...

144

Quando Beatinho, de passagem pelo armazém, contou de Judia, Maria Olho de Prata só fez foi dizer alto para quem quisesse escutar:

— Parece muito da mentira! Aquela menina não fazia outra coisa senão pisar aquele chão. Nunca que ia saber que era ali mesmo que havia de subverter no dia de hoje... Ninguém nunca sabe onde deriva! Pode até ser na casa da gente, mas o que é mais certo é que seja em outro canto.

Arimateia, sentada no tamborete de tiras de couro trançadas, abanou a cabeça de lá para cá. Pensava no marido, nos meninos... Joãozinho, ainda cheirando a leite daqueles peitos e já do outro lado envolvido por gosto em briga de macho...

Tinha de ser assim...

Era assim mesmo...

145

Beatinho não parava. Tanto fez que acabou levando chumbo na suã.

Sertório, um zarolho tão perverso que tinha matado o pai, no Mundéu da Ema, com uma ripa de esquadria, substituiu o pombeiro-municiador.

Pouco tempo. Caiu também de bala nos quartos.

Então Macambira, sem mais homem de adjutório, mandou Rute do Lajeado, uma das zeladoras do santo, distribuir uma cuia de farinha e um pedaço de rapadura aos guerreiros da barricada de Mané Quadrado.

Ela mesma se ofereceu, mas Taramela, que andava sempre de funça com a pardinha asseada, só consentiu quando o velho imprensou-o no dilema: ou vai a menina ou vai vossoria!

146

O mesmo sol que carinhou o corpo da moça do Lajeado, encolhido na última dor da bala que lhe atravessou o umbigo, foi refrescar na estradinha que ligava Uauá à tiguera do barão.

Antes de chegar a Rancharia, no primeiro pouso do caminho que derrotava para oeste, onde morava o amigo do Conselheiro, descia uma picada para o sul.

Ia ter em Vila Nova, cidadezinha que fornecia tanta da coisa para Canudos.

Arlequim vinha faceiro em seu jegue de boa andadura, já com a perna desenrolada, assobiando a *Carabôo*.

As duas encomendas iam na capanga que Rita preparara de mando do vendeiro.

Livre dos companheiros de viagem, nem suspeitava do que ia de sangue, naquela hora, por Canudos. — Que importava lá? Não sabia que Julinho estava até morto. Mas, se soubesse, era a mesma coisa.

Embora tivesse prometido aos meninos que havia de se pôr a caminho logo na madrugada seguinte, por via da pressa na carta do Conselheiro, descansou seis dias em casa de Francisco Roso, morador de Uauá, mais a mulher, mais a filha botando peitos.

Como ali era lugar que nunca mais havia de ver o solado de seu pé, aproveitou o seguimento para tirar o aleijão da menina.

Tinha preparado fala de casamento, mas a bichinha não requereu nada...

Foi melhor assim!

O viajante parou na encruzilhada. Mordeu o dedo mindinho, riu e, deixando a estradinha, afundou pela vereda...

147

Quando a tarde caiu de todo, a situação em Canudos não se tinha modificado: a retaguarda dos legalistas, segura pelo fogo de Joaquim Macambira, tinha estacado mesmo.

Nem mais um homem conseguiu atravessar o Vaza-Barris com êxito.

148

A artilharia estava parada e silenciosa. Esperava ordem de Moreira César, encravado também dentro do arraial, sem comunicação com a margem oposta.

Mas a ordem não vinha. As cometas só davam toques ligeiros de ligação nem sempre possíveis. Em todo o caso, os canhões do comandante Salomão estavam defendidos das balas pela volta que, do outro lado do rio, se perdia por trás da pedreira.

O pior é que não havia ordem que fizesse tiro dar curva ou canhão pesado avançar dentro de artilharia ligeira...

149

O resto da cavalaria, agora na vanguarda dos invasores, irrequieta pelas chofradas das balas na água do rio, sem correio com os que tinham entrado no arraial, trocava tiro maluco e era só o que podia fazer.

150

Na rua, os soldados contidos pela barricada serena de Mané Quadrado, improvisado em grande chefe brigador, perdiam-se, apreensivos pela demora de socorro, no entrinçado de becos estreitos. Sozinhos, ignorando o que se passava no Vaza-Barris, já não forçavam posições de avanço.

Não só a prova fora decisiva, como os jagunços terríveis não afrouxaram as hostilidades, certos da chegada da noite, aliada fiel para quem está em casa...

151

Com isso, com a resistência do rio, Moreira César preocupou-se. Reuniu alguns oficiais numa das casinhas de baixo e resolveu:

— Vamos garantir a passagem!

152

Pedrão levantou-se afinal.

Pesado da água que encharcava sua roupa de couro, olhou dentro de Abade:

— Cabra! Toma teu rumo!

Lépido, saltou para a trincheira de pedra solta mais próxima, indiferente às granadas que estouravam perto.

Apanhou o pio de taquara amarrado no pescoço, deixou sumir o eco da corneta que transmitia a ordem de Moreira César e chamou os companheiros de seu bando.

Joaquim Macambira passou-lhe o comando.

Já estava em forma o mulato. Duro! Harto!

153

Moreira César montou em seu cavalo e foi dirigir a manobra.

Primeiro, subiu o trecho de rua que ainda estava em poder dos invasores...

154

Pedrão, já de arma nova, tascava bala que era um horror.
Sentiu o mulatinho deslizando a seu lado.
Sem olhar, agasalhou-o, voltando o dedo para o gatilho.
— Pai! Mataram Julinho?
Pedrão apontou com o beiço o filho morto. Estremeceu com o coice de um tiro. Um cabo rolou lá adiante.
— E mãe?
— Tá segura... Pensa nisso não!
Joãozinho largou fogo com sua pica-pau.

155

Na volta do caminho, Arlequim virou-se e apanhou na capanga as duas cartas.
Meteu a do Conselheiro entre os dentes e abriu a outra.

Juntou aquele bando de cédulas de cem mil-réis que Vila Nova mandava para Juazeiro, dobrou o maço e meteu no bolso da blusa. Alisou-o com a mão demoradamente antes de bater a pederneira.

Nem olhou para ver o papel da carta pegando fogo...

Deixando o animal no passo, abriu o envelope do santo.

Na letra ruim, viu que era um pedido de reforço e de dinheiro. Riu.

A missiva dava conta da aproximação de Moreira César. Falava no Senhor do Bom Jesus, no Divino, na Monarquia. Descompunha a República e agradecia em nome de Deus, da Justiça, da Verdade, da Fé, dos Evangelhos umas armas que tinha recebido pouco antes. Arlequim não chegou ao final.

Não pagava a pena! — carta do santo era só para um ler... Riu outra vez com maior satisfação, pensando na recomendação de Abade.

Foi mais papel queimado ficando para trás...

156

No instante em que Taramela badalou as ave-marias, por mando de Macambira, para dar ânimo aos seus, já que a pancada estava perdendo força, Doralice deu com os olhos em um homenzinho miúdo, de espada comprida, montado num bonito cavalo baio.

Pelo jeito, o homem estava dando ordem de juntar sua gente.

Para quê? Ela não sabia. Assuntou bem e pressentiu que aquele era o chefe maior.

— Só pode é ser o tal do Moreira César — pensou, correndo para o canto do bequinho mais baixo.

Dormiu na mira para um tirinho caprichado no meio da barriga.

Logo, o ferido foi amparado por um companheiro que trazia uns cordões de cores pelo ombro, se sumindo por debaixo do braço esquerdo.

O cavalo assustou-se e deu de popa.

— Cabra duro de ruim!

Doralice fuzilou entre as asas das costas.

Arriou a carabina e ficou espiando o movimento.

Só viu o bando de soldados correr para o rio, carregando Moreira César de olho mais esbugalhado do que sapo cururu.

Doralice apoiou o cotovelo no cano da arma e ficou abrindo e fechando a mão para descansar os dedos.

— Quá! Aquele não escapa mais nunca.

157

O cair da noite vinha aumentando a agonia dos legalistas perdidos no arraial.

Quando os que levavam o chefe dispararam, os outros ficaram sem saber por quê.

O que era certo é que o comandante abancava. Os mais distantes, assombrados, começaram a correr também. Pânico gera aumento de pânico. Em dois minutos, todos corriam desabaladamente num crescendo, abandonando armas e montarias.

A parte da força, agora na vanguarda, que ainda mantinha fogo cruzado sobre o rio, numa tentativa final para atravessá-lo antes da noite cerrada, vendo-se atropelada pelos fujões, imaginara uma reação inesperada e insopitável dentro de Canudos. Isso foi a explosão.

Abandonando o combate, sumiram-se como doidos por trás da artilharia e ganharam o mato.

A debandada foi tremenda!

Os jagunços, por seu turno, se assombraram.

Tomados daquele susto do que se imagina pavoroso porque não se vê, debandavam por igual se Abade não segura tudo no peito.

Mas Abade segurou por segurar; só sabia que os inimigos tinham visto o fantasma do Cão!

Do outro lado, Salomão da Rocha ainda tentou organizar os espavoridos. Não acreditava que o motivo, pior que fosse, seria sem remédio.

Inútil!

O desembestamento foi tal qual o de uma vara de queixadas que tivesse visto onça com fome...

158

Só quando Abade viu Mané Quadrado, já na margem do rio com sua gente, saltando por cima dos corpos mortos e ainda pisados pelos companheiros em fuga, numa berração de vaia, foi que percebeu que tinha havido o milagre.

Pedrão não esperou mais nada:

— Abade, eu vou dentro!

Largou-se do menino:

— Meu filho, vai caçar sua mãe. Diz que mataram Julinho...

Chamou seus homens, atravessou o rio, agora sereno de bala, abriu para a caíva onde se meteram os soldados e foi mirando em tudo o que era cabeça e calça vermelha.

Nem os seus comandados o alcançaram mais...

Quando ficou passo de parelha com as bocas de fogo de Salomão da Rocha, derivou, largou a arma de fogo, apanhou uma foice do próprio corpo de artilharia que estava sobre a plataforma de um dos canhões, foice de abrir caminho, e investiu num corpo a corpo pavoroso.

Matou tudo o que pôde, que os fardados se deixavam matar transidos de medo como macaco dentro d'água.

O bravo comandante ofereceu uma resistenciazinha, mas, surpreendido pela violência estúpida do mulato, foi torado de foice.

Antes que os seus chegassem na trilha, Pedrão partiu como uma chama de ódio. Grimpou a vertente da direita, distanciando-se de novo, cortando sempre, devastando, saciando sua enorme sede de sangue.

Nem Abade o alcançou. Onde o comandante da rua chegava, só encontrava mortos e feridos. Cada vez mais longe, ouvia os urros de Pedrão...

Filho nenhum foi mais vingado!

159

Pelo ermo da vereda em que se metera, Arlequim seguia dormitando no balanço do animal andarilho. Quando passou por um balcedo tenebroso em que, subitamente, se transformara o mata-pasto ralo, do caminho, dois corujões, assustados com a andadura do jegue, esvoaçaram por sobre sua cabeça.

Arlequim sentiu um arrepio de susto. Benzeu-se:
— Tesconjuro!

Mas, percebendo que a assombração era o par de corujões, riu e recomeçou a cochilar embalado pela batida ritmada dos cascos da montaria no terreno pedregoso e deserto.

160

No arraial, o sino silenciou. Taramela começou badalando aquelas ave-marias. Tinha dado um sossegozinho quando Macambira, da torre de onde observava a briga, meio mole, começou vendo a barafunda provocada pelos dois tiros certeiros de Doralice.

Com a sagacidade de velho guerreiro, teve a intuição do que ocorrera. Sentiu que os soldados de Moreira César não tinham a fibra e o comando da coluna valorosa do major Febrônio. Aproveitou a sorte no máximo e decidiu que o sacristão aumentasse o pânico no sino.

O repinicado festivo da vitória entrou pelo ar se derramando cá fora.

O velho desceu na carreira da torre para organizar a vaia que, pouco depois, reboou por toda a várzea, enchendo de coragem nova a gente de Abade.

Quando Macambira atravessou a barreira já inútil de Mané Quadrado, arrebanhando os que estavam ainda meio espasmados, mandou que se hasteassem as bandeiras do Divino.

Logo, dezenas delas se levantaram bem alto, nos bambus compridos dos quintais, estalando seus panos à brisa morna.

Olho de Prata se lavou no escarcéu.

Quando a barafunda chegou ao auge, Doralice desconfiou:

— Gente! Quer ver que eu fiz besteira mesmo?

161

A noite caiu de todo, sem lua, como pano de boca da tragédia consumada...

162

Do alto da pedreira, João Abade controlava a porção de fachos de candombá, errando pelos matos, na tarefa lúgubre de juntar companheiros mortos.

Através da galharia seca, a dança do fogo mortiço, sem fumaça, quase sem luz, produzia um efeito absurdo.

A busca tétrica entrou noite adentro.

Os feridos já estavam todos recolhidos na igreja nova. Mané Quadrado e as meninas do Conselheiro, agora sem a Rute, se desdobravam nos socorros.

Os mortos iam sendo depositados em fila, na extensão da baixa das Lavadeiras. Lá estava o corpo de Pajeú, horrivelmente fuzilado. O veneno da cobra não chegou a deixar vestígios feios. Ninguém entendeu por que o cariboca tinha ido morrer lá em cima. Ele, mais Genival, mais tanto povo...

Adiante, Julinho estava ao comprido, olho arregalado como se estivesse enxergando foguete pipocar no céu.

Romão e Dídimo também estavam estuporados. Farinha de Bode, o cabra do castigo que já vinha matando desde Tanquinho, ficou quase por riba do corpo de Judia do Valentim. Nunca que Farinha de Bode teve tão junto mulher-dama tão de luxo...

Júlio do Soca, Mané Sezafredo, Zé da Mula, Tibúrcio... Não faltava nenhum! Até Cesarina, uma solteira velha que só vivia de encosto, ficou espichada com o trabuco ainda de lado.

Não faltava nenhum? — Faltava! Joãozinho lembrou de Nonô da Serra. Faltava Nonô...

163

O saque aos soldados mortos e a cata das armas deixadas por eles, das munições, dos de valia, ficou para o dia seguinte.

Macaco ferido era sangrado de vez.

Poucos resistiram à noite, ao relento, sob picadas inclementes dos carapanãs assanhados pelo cheiro de sangue; dos piuns, das viúvas e de toda a sorte de insetos noturnos e diurnos.

Muitos só foram localizados depois do meio-dia.

164

Também só depois do meio-dia foi que deram com Pedrão. Estava dentro de um álveo, quase em Pitombas!

Veio mais morto do que vivo.

Quase nu, carnes abertas pelos estrepes, pés dilacerados sem as alpercatas, mãos gretadas de espinhos e farpas, afônico de gritar pela fraqueza do governo, pela vitória do Senhor do Bom Jesus, pela saudade do filho...

Olhos rubros de choro e de raiva, a foice vermelha, melada de sangue, solta do cabo.

— Mataram Julinho!

— Sô Pedro... Oi, sô Pedrão!

— Vamo, sô Pedrão! — pediam os caboclos.

— Mataram Julinho... de ferro!

Pedrão só repetia isso: — Mataram Julinho...

165

Quase quinhentos corpos escuros vararam dois dias para serem sepultados.

A procissão do enterro foi tremenda: sob o pálio rútilo como flor de juá, o Conselheiro pensava na desgraceira.

No aceso da luta, dera ordem a Macambira para se render. Repetiu o mando muitas vezes... Da última, o velho correu para a torre. Incompreensível, o velho! Positivamente, não tinha fé na sua missão. Ninguém tinha mais fé... Por que guerreavam? Por que resistiam então? Depois de tudo passado, não foi o próprio Macambira o primeiro a proclamar o novo milagre de suas mãos? Não foi o velho hipócrita o primeiro que, ante a multidão desvairada e estarrecida, se ajoelhara para beijar-lhe os pés? Abade, Taramela, Pedrão também não acreditavam mais em sua santidade, ou... nunca acreditaram? Teriam os chefes encarado a vitória como uma simples conquista material, feita pelas armas materiais? Que somos nós? Um simples traço de união, um elo de cadeia entre o que foram nossos pais e o que serão nossos filhos? Isso será Deus? Dessa vez, os olhos do Conselheiro estavam fixos no chão. Não pareciam zanzar em busca de um ponto qualquer, como de costume...

Enterrado o último jagunço morto, o santo deu ordem para o regresso. Não havia bebido ou comido sequer um ababalho durante os dois dias da triste cerimônia.

Estava mais fraco do que seus homens, que tinham lutado tanto e, agora, ainda enterravam seus companheiros. O Conselheiro estava exausto!

166

Ninguém viu uma lágrima durante todo o tempo do enterro.

As mães enterraram seus filhos de olhos enxutos. Neles não havia lágrimas, como não havia paixões, fé, ódio, sentimentos... Havia indiferença! Só indiferença.

Novamente se formou a procissão para a volta do cemitério.

Abade empunhou o cruzeiro pesado e saiu na frente. Os *Kyries* fúnebres foram sumindo ladeira acima, rumo da igreja.

No campo deserto, só ficou Arimateia olhando aquele mundo de terra revolvida.

Era assim mesmo!

Tinha de ser assim mesmo...

167

Foi Abade que teve aquela ideia horripilante: os soldados de Moreira César, inclusive o velho coronel Tamarindo com suas barbas brancas, soltas ao vento, boné enfiado na cabeça torta, de troça, foram pendurados nas árvores dos caminhos que iam ter ao arraial.

O ar desidratado da caatinga mumificou os restos poupados pelos urubus.

Quando, na volta do sol, o bochorno quente começava a soprar pelas gretas da terra, aqueles corpos, desengranzando-se, eram tomados de um movimento exótico e dançavam de enforcados, empicotando a fraqueza do governo pela noite adentro...

168

Abade acordou ainda cansado.

Olho de Prata preparou o café e veio silenciosamente.

— Agora — disse o comandante da rua — é esperar repiquete!

A mulata deu de ombros.

— Um dia isso vai ter fim.

— É o jeito! Quem é que pode esbarrar?

— Uai! Não é vocês mesmo que quer essa doideira? Quando findar, findou! Ou vocês pensa que vida debaixo de bala não se acaba nunca? Assunte Pajeú! Assunte o povo todo que ficou enterrado lá no cemitério...

Abade ergueu-se:

— Guerra presta não!

— Quem é que diz que presta? Só muita da inguinorança! Que graça teve você sangrar aquele mundo de macaco, vivente que você nem nunca tinha visto? Que mágoa eles tinham de nós pra vir de prepósito feito pra matar a gente? Quem diz que guerra presta?

— Eu só tenho saudade do tempo da paz... E eu não tive nem um tiquinho de sossego mais tu. Assim mesmo foi tão bom... Magine? Maria, tu sabe qual que era a minha sastifação maior? Eu mais tu, num canto de terra, plantação de mandioca fechada, uma casa de farinha... tudo em paz... Isso era vida dereito!

— Menino macho no quintal também, não é, sò Abade? Menino macho pra crescer, pra se criar... pra guerrear depois... pra se esbagaçar!

Abade não percebeu a ironia da mulata. Deu seguimento à conversa, brincando com seu ideal impossível:

— Um dia... Pode bem ser que chegue esse dia...

— Quando chegar, nós está tudo debaixo da terra!

— Se os urubu não comer. — O mameluco largou de sonhar.

— Também tá bom, uai!

Abade gostava da mulata.

— Maria, tu quer abancar pros longes que nem Arlequim fez?

— Tu vai?

— Vai onde?

— Vai mais eu?

— Eu? Tu pensa que eu fui parido de barriga de porca?

Olho de Prata mexeu o café devagar. Tomou um gole grande e deu a caneca ao companheiro.

— E eu fui?

Abade considerou a resposta. Pediu desculpas com os olhos. Maria socorreu:

— Deixa ficar como está, Abade. Quando a gente morrer, morreu. Cabou-se! Facheiro também não se acaba no dia lá dele, metido no mato?

— E vem você com negócio de planta! Planta é diferente Nós é gente! Nós tem de brigar porque... porque...

Sobressaltou-se. Não achou o motivo. Entretanto, a coisa parecia-lhe tão evidente! Maria socorreu-o de novo:

— Sá Arimateia diz que é porque tem de ser assim mesmo! Vocês, se não tivesse essa arenga de Conselheiro pra cá, Conselheiro pra lá, caçava outra razão pra se enredarem. É sina, uai! Vão cumprindo a sina de vocês...

Abade estava vestindo o gibão. Dali por diante, havia grande precisão de manter o alardo dos jagunços dia e noite.

Olhou para a mulata que tanto gosto lhe dava. Pensou em outra mulher, lá muito longe, na curva do tempo. Outra mulher de cabelo encaracolado. Outra mulher que nem foi sua, mas, por causa dela... Ora! Nunca mais tinha pensado nisso.

Nunca mais, desde que, no esquecimento do passado, tinha se afundado naquela vida diferente. Sacudiu a cabeça com força para espantar a imaginação.

Há certos pensamentos que não se pode deixar soltos senão ninguém os segura mais. É como menino de reinação... Ficou zangado porque o nome daquela mulher distante varou a cerca que ele tinha metido nas ideias: — Antonha!

Como recurso, pensou em Maria: Olho de Prata era carinhosa pra danar! Sabia ser mulher para homem macho.
— Antonha! — O nome varou a cerca outra vez.

A mulata estava só espiando para Abade. Esperava o fim da conversa.

— Maria, eu gosto de você e muita coisa. Vê suas catrevage. Vê seus pano, suas água de cheiro, seus sabunete... Se largue ganhando mundo nessa quebrada de verde... Eu posso lhe arrumar até dinheiro grosso!

A mulher ficou calada.

— Vai correr é sangue muito, e não demora...

Maria ainda estava com a caneca na mão. Ficou com dó daquele estamento. A cara de Abade parecia, na tristeza sem termo, uma lagoa morta.

— Vou não!

169

Nisso, a barriga de Nonô da Serra rebentou.

Estava com três dias que o corpo apodrecia, pés dentro da poça de lama, no socavão do Canto de Madalena.

Urubu se irisou na patuscada...

Um puxou por uma banda da tripa de Nonô. No avexamento, sodado pelos companheiros, soltou a ponta que fez plofe nos miúdos.

Engraçado era o jeito da cara de Nonô: parecia direitinho que ia se levantar da amolença para tomar a bênção de São Francisco...

170

Maria Calango, a mulher que só vivia com Joaquim Macambira na cabeça, foi quem disse a Migueli o que tinha acontecido.

O perna-seca ficou agarrando o vintém do berimbau, de cara parada.

Nem ele nem o pai, o velho Sarrafo, que já não se levantava mais da esteira com aquela agonia no coração, não sabiam de nada.

Uma semana antes, Zé do Esparramo, de volta de uma visita escondida à Das Dores, parou deixando uns trens de comer na tapera do aleijado.

Mas não contou da guerra de Moreira César.

No meio da conversa foi que Calango disse:

— Agora, Migueli, tu vai ver Ritinha. Só Vila Nova vem de vez para a roça. Tu sabe? Mandou eu fazer os preparos da moradia. Agora tu vai é ver Ritinha de novo! Água do Jacó vai ficar festiva!

Daí, embarafustou-se por uma história comprida, cheia de saudade, de susto, de mágoa do Macambira, que, desde que terminou a guerra, só procurou ela uma vez, para contar que Doralice era uma menina de valor, que Doralice era muito boazinha, muito isso, muito aquilo... que tinha matado Moreira César com a arma que ele tinha lhe dado...

Na mordida do ciúme, explicou que o jeito foi aceitar a proposta de Vila Nova e nunca mais voltar para a vida de Canudos.

— Daqui da Água vou ganhar estrada de Monte Santo e...
O olho de Migueli coriscava solto... solto...

171

Na descida do Itapicurus, Arlequim fez de maneira a passar por fora de Queimadas. Deu uma volta enorme. Vinte e cinco dias depois, estava no Cumbe, por trás do balcão de sua tendinha, vendendo cachaça aos forasteiros...

172

Falou-se de nova coluna que já vinha a caminho.
A novidade chegou como chega a noite depois do dia.
Uma coisa monstro: uma sujeira de canhões!
Era todo o exército da República da peste. Vinham da corte miles de armas alemãs que ninguém conhecia.
O aviso rebateu até nos cafundós da caatinga.
Essa conversa foi o que apressou o plano de Vila Nova.

173

Um dia, uma tropa gorda chegou de Rancharia, curvada de peso.
Mané Quadrado recebeu os viajantes e levou tudo para os Fiapos.
Era caixote e mais caixote. Vinham enrolados compridos de oleado também. Até vidros de remédio.
Por fora da sacaria via-se as coronhas de armas novas.
Nem de propósito: parecia que o barão tinha recebido a carta do Conselheiro...

174

Mané Solidão vinha tangendo duas cabras magras como a miséria, com a alegria de quem nunca teve coisa de préstimo nessa vida de Nosso Senhor Jesus Cristo.

Quando topou com aquela ruma de soldado morto, balançando galharia na banda da estrada, parou, caprichou num cigarro e pensou: "Ota mundo!"

175

Vila Nova já estava mesmo decidido a tomar sumiço do arraial.

Com todo o dinheiro que pôde arrecadar cosido por dentro da camisa de quadrados, o resto enfiado no forro do chapéu, planejou meter-se na roça primeiro.

Dali, seria muito mais fácil correr até Monte Santo sem espantar o povo.

Monte Santo estava inteiramente fora do domínio da jagunçada. Tanto da tropa do governo tinha parado ali que o campo estava livre. Isso desde o tempo do major Febrônio.

A dúvida era de como chegar e ser recebido.

Conhecia bem a matreirice dos espiões do Conselheiro: ninguém, de fugida, podia fiar-se muito em viajar sossegado.

De Monte Santo o caminho estaria aberto até Salvador. De lá, era só pedir ao cunhado, de Juazeiro, a remessa do dinheiro que Arlequim teria levado, como encomenda da irmã.

Uma noite em que Pedrão estava de propósito feito de tomar uma bebedeira, Vila Nova teve aquela ideia que achou maravilhosa: no baú dos trens de mudança para Água do Jacó levaria uma porção de quinquilharias no lugar de roupa. Juntou pulseiras, brincos, bobagens...

Logo na primeira noite que passasse na roça, largava tudo pros à toa, pegava no baú e chegaria a Monte Santo como mascate estradeiro.

Os poucos conhecidos que ainda tinha pelo caminho estariam escabriados, escondidos no mato. De Monte Santo, os que não tinham morrido estavam em Canudos. Eram todos do Conselheiro.

A necessidade de recrutar gente no arraial tinha trazido essa desvantagem para os jagunços: iam perdendo os contatos com os arredores. Bem dizer não havia mais espiões fixos.

Mesmo assim, mesmo no caso de uma delação, o vendeiro não fazia tenção de se demorar em Monte Santo tempo de se perder. Comia a cidade de passagem!

Muito de azevieiro, queria era dobrar aqueles araxás e ganhar a capital logo que topasse brecha.

Rita não era estorvo: que se danasse ela mais a estopada da barriga...

176

Vila Nova tinha conversado com Abade.

O comandante da rua aprovou a ideia de levar a mulher para Água do Jacó.

Sempre podia haver perigo de bala atrapalhar na hora de parir.

Arimateia tomaria conta do armazém maior, e Julião ficaria na venda de baixo de menor movimento.

Estava tudo muito acertado: Rita, chegando o dia, havia de descansar sem zoada, e Vila Nova, por via das coisas de mais importância, viria ao arraial de três em três dias.

Por causa dessa imposição de Abade, tinha de abancar logo na primeira noite.

Não podia resolver a mudança na carreira, mas, já com a autorização do chefe, não havia mais pressa e dava até um ar de segurança.

E depois, a demora sempre rendia recebimento de mais algum dinheiro inesperado...

177

Pela estrada de Jeremoabo vinha um bando de recrutas.

A coisa era sempre em repetição: chegavam de longe, tomavam a bênção do Conselheiro, bivacavam em qualquer canto, todos juntos. Aos poucos, levantavam casinhotos onde houvesse vão livre. João Abade autorizava a ocupação e fazia a primeira visita de praxe. Cada família passava automaticamente a constituir a população fixa do arraial. Era um nunca se acabar de gente chegando todos os dias, de todas as partes, algumas bem remotas.

As contas muito somíticas, logo abertas no armazém, agora já não abalavam muito os receios de Vila Nova. Infelizmente não podia levar tudo na fuga planejada.

Nesse bando que vinha pela estrada de Jeremoabo, Pedro Caolho trazia um oratório enorme; Pequenino do Jordão, outro, menor um pouco.

Na última parada que fizeram, abrandando quentura do sol comburente, Pequenino resolveu que as orações deviam ser feitas no seu oratório. Encostou o trambolho ao pé de um toco e começou a puxar o *Bendito*.

Pedro Caolho gritou de lá:

— Xê! Que novidade é essa, sô? Então não é no meu oratório que o povo vai puxar o *Bendito*?

Roxinho se intrometeu:

— Hoje é no de Pequenino.

— Isso é que não!

— Mode quê?

Pequenino fazia de conta que a coisa não era com ele.

Caolho se aborreceu. Firmou o oratório grande no tronco de um ouricuri e, na pressa, mesmo com as imagens tombadas entre as flores de papel desbotado, sujas de mosca, berrou com toda a força:

— Bendito seja o Santo Nome...

O bando, assustado, virou-se para o ouricuri.

Pequenino interrompeu sua ladainha e se aproximou do parceiro. Não disse nada. Largou-lhe uma bofetada no meio das ventas.

Antes de Caolho rolar, já estava formado o círculo.

Ferros clarearam areados.

— Briga de homem é de camisa amarrada!

Todos concordaram se preparando para o espetáculo bonito.

As duas facas foram arrecadadas para medição de lâminas.

— Essa é pequena! Quem tem uma faquinha maior aí?

Celino tinha.

— Serve?
— Diferença pouca...
— Quanto?
— Meio dedo.
— Serve! Vai na sorte.

Enquanto Celino amarrava os dois contendores pelas fraldas das camisas com um nó forte, limpando o chão ao redor num arrasto de pés para ninguém tropeçar, Roxinho examinava pontas e gumes.

Pedro Caolho só fazia passar o dorso da mão pela venta machucada. Pequenino ainda tirou uma fumaça do palha, indiferente, como se fosse fazer uma brincadeira.

Cada um escolheu uma das mãos que Roxinho cruzou atrás das costas. Então, Roxinho ofereceu as facas segurando pelas pontas, numa medida de distâncias.

— Pronto!
— Um, dois, três... Já!

As facas foram arrebatadas. Caolho ganhou na diferença.

Mais corpulento, arrastou Pequenino, fugindo à primeira investida.

A faca menor foi no seguimento da tomada e o sangue borbulhou logo no vão de uma costela de Pedro.

Já Pequenino, mesmo arrastado, sangrava de novo mais em cima, quando Caolho furou de rijo por baixo.

Ninguém dizia nada. Apenas o círculo — mulheres com crianças no colo, cabras machos, meninos — ia andando como um todo inteiriço, atrás dos dois.

Tinham descido vinte passos de estrada.

Caolho furou outra vez na virilha de Pequenino.

No alanco, desataram-se as camisas, mas os dois empenhavam-se tão fundo naquela contenda terrível que era como se ainda estivessem ajoujados.

No remexido do chão, a poeira estava borrifada de sangue, de baba, de suor... Só se via a camisa riscada de Pequenino virando de baixo para cima. Os dois, embolados na terra, eram uma coisa só.

Uma alpercata zuniu sacudida no ar.

Poucos instantes depois, Caolho se apoiou na beira do barranco, todo melado de sangue. Pequenino, de borco no chão, não se mexia mais...

Quando a turba retomou o caminho de Canudos, hora depois, levava Caolho num mutã de folhagem improvisado.

Uma cruz tosca, espetada entre os quipás que cobriam o cambiroto, ficou para trás como a vida deixa pra trás uma porção de coisas...

178

Abade deixou Maria Olho de Prata e foi direto ao Santuário.

O olhar maduro na tenência, não filtrava o abalo interior produzido pelo amolecimento da noite de descanso e daquela conversa com a mulata.

De véspera, tinha mandado Antônio Fogueteiro, o melhor aliciador de recrutas que havia, um jurumã fino de Pau Ferro, atrás de Joaquim Tranca-pés e Raimundo Boca Torta.

— Passando por Volta Grande — recomendara o chefe —, tu me dá recado pra Venâncio aparecer também. Leve urgência!

No pé do cruzeiro, Abade saudou Pedrão e Mané Quadrado, que já o esperavam.

A tenção era conversarem os três com o Conselheiro sobre a renovação da força, a distribuição de novas chefias, agora desfalcadas com o claro aberto pela morte de Pajeú, e a organização da defesa, mais ampla, de modo geral para a outra guerra que havia de vir fatalmente.

Estêvão, um preto retinto, mau e traiçoeiro como urutu no cio, já estava de provisório à testa da matula deixada pelo chefe morto.

Os irmãos Francisquinho e João Mota andavam, por conta própria, patrulhando o valão de Cocorobó com meia dúzia de cabras afiados. Esses eram subchefes do bando de Pedrão e não estavam entrando em conta.

179

Venâncio, caraíba taquariço, dos convocados, foi o primeiro que chegou. Trazia dezoito mortes do sertão do Piauí.

Olho de Prata estava lhe oferecendo um beiju com chá de folha quando Abade entrou também, acompanhado de Tranca-pés e Boca Torta.

Dali, partiram todos para junto do Conselheiro.

Já tinham combinado tudo pela manhã, de modo que não foi preciso cerimônia. Tomaram a bênção, beijaram as imagens que Beatinho, já meio curado, lhes ofereceu e se abancaram em volta da mesa comprida, preta, sem nada por cima.

Pouco depois se retiraram, já os novos investidos nas chefias.

Era tardezinha.

Tranca-pés reuniu logo alguns dos seus volantes e tomou caminho de Jeremoabo. Ao todo, eram catorze homens. Isso, contando com Celino, Roxinho e Pedro Caolho, que foram engajados em seu troço.

Antes de anoitecer, queria comer umas duas léguas de estrada, apesar de sua gordura, de sua barriga desconforme.

Seu quartel seria no próprio rancho, em Faz o Saco, onde havia bastante farinha, rapadura e chumbo grosso.

Venâncio e Estêvão, cheios da regalia do cargo, se tocaram para o reservado do armazém. Pela primeira vez podiam beber com a franquia que o posto lhes dava.

Estavam curiosos de ver, na realidade, o que só se dizia de escondido.

Abade, embora nunca se excedesse na caninha, não meteu reparo na alegria dos dois.

Arimateia serviu-lhes as canecas como se estivesse servindo ao marido, a Mané Quadrado ou ao velho Macambira. Não esperou que os novatos lhe pedissem nada.

Era seu segundo dia de vendeira e pouco se lhe deu a mudança de vida.

Joaquim Macambira chegou, tomou assento, engoliu seu trago e tudo prosseguiu como nos dias de Vila Nova.

Só Boca Torta é que ficou sentado no degrauzinho do cruzeiro, com a cara nas mãos, a arma nova de lado, até de madrugada.

Triste, no feio aleijão que lhe dava a alcunha, silencioso, parecia que estava afogado com a responsabilidade.

Não estava pensando em morrer: isso não entrava em coleção. O que o afligia era a certeza da derrota!

Não fazia nem quinze dias que Lelé Siriema chegara de Queimadas e as notícias que tinha ouvido dele em seu rancho, na Canabrava, não eram para encher ninguém de esperança...

180

Numa das últimas casinhas do arraial, bem ao pé do rio, ante o fifó fumacento e o café comprido que o pó escasseava pra danar, Doralice assuntava conversa dura de Lalau mais de Norberto.

Os dois eram forasteiros recém-chegados: Lalau, de Alagoinhas, branco, quase louro; Norberto, mulato escuro. Fora vaqueiro em Feira de Santana. Ambos destemidos. Ambos inteligentes.

Cheios de fé no santo, fizeram juntos a última parte da jornada. Tornaram-se bons amigos, dividindo o tabaco escasso.

Vinham solteiros e a pretinha os acolheu, se misturando logo com Norberto.

Abade tinha destacado os dois para servirem no troço de Estêvão. Já tinham recebido suas armas. Estavam prontos para a briga.

181

Migueli estava na janela quando viu o vendeiro montado no Navio, o jegue que não dava por cem mil-réis.

No seguimento, vinha a irmã, barriga na frente, um cesto alto de panos na cabeça.

Suor brilhava de longe.

Quando passaram por defronte, Vila Nova meteu-se do lado, empurrando a rapariga para não parar.

Ela ainda quis olhar para trás, mas a cesta enorme estorvou o movimento.

— Depois... depois tu vem quando quiser... Agora, vamos tomar chegada, mode comer e descansar.

E Ritinha lá se foi tangendo a barrigona...

182

Foi na rua de baixo.
— Comadre!
Maria Olho de Prata parou.
Não adiantava ser tão despachada. Não adiantava... Bastava ouvir a voz de Pedrão, dava uma coisa lá dentro que o coração não cadenciava mais!
Isso, desde menina virgem.
Parou, mas não conseguiu se voltar. Cravou o olho no chão.
— Comadre! Oi, comadre!
Juntou força pra responder:
— Nhô?
— Arimateia disse que sua irmã mandou fazer sortimento... — Pedrão calou. — Portador tá aí?
A muiata mostrou o saco, olhando para o chão.
— É o menino da tia Palmira. Tá lá em casa...
— Vamos então. Preciso mandar recado pra Das Dores.
Emparelharam o passo.
Maria sentiu secura na boca. Se fosse outro homem qualquer, dava era aquela gargalhada sempre pronta: "Uai!"
As vezes que o compadre fora em sua casa eram de contar pelos dedos.

Ideias pulavam numa ciranda de tontear.

— Abade já tá de volta?

— Nhô, não! Diz que só no meio da sumana... Foi a Canabrava, à caça de Lelé Siriema, que trouxe notícia muita da Bahia...

— Tô ciente!

Andar só não tirava a aflição de Olho de Prata. De instante a instante, trocava de mãos a bolsa de compras da irmã.

Chegaram no canto do bequinho. Pedrão foi entrando na frente. Empurrou a porta:

— Cadê o menino de Sá Palmira?

A mulher sobressaltou-se com a ausência do menino. Era só com o que vinha contando como adjutório. O menino é que havia de tirá-la do embaraço. Fazia-se muito culpada de estar empatando o tempo do compadre. Deus a perdoasse, que Pedrão podia até supor ser plano feito para ficarem sozinhos... Gritou quase num desespero:

— Cesarino, esse menino! Cesarino!

Preferia morrer ao compadre suspeitar alguma coisa dela!

O que não podia era deixar de ouvir a respiração do homem, já que, assim tão perto, não tinha coragem de olhá-lo nem de relance.

Começou a sentir tonturas outra vez.

— Cadê o menino, sá comadre?

Quando escutou a pergunta de novo, muito longe, teve a impressão de que o vento das palavras mexia nos cabelos da nuca. Arrepiou-se toda que nem socó molhado.

— O mais certo é tá na rua...

Teve necessidade de falar mais:

— Esse povo do mato arriba no arraial, fica tudo espasmado! Bão sentá uma coisinha... vou lhe dá um café. Serve um bolachão? Ou compadre prefere uma carne que assei essa manhã?

    Pedrão não teve tempo de escolher. A mulata tanto saraganzava que, num tropeço, torceu o pé.

    O pior foi sentir Pedrão abarcando-lhe o meio do braço, de socorro.

    Ficou pensando de novo que ele podia achar que o tropicão tinha sido parte da coisa feita. Não pôde foi evitar que o pensamento corresse, de descarado, para o que não prestava: se, só no segurar uma pessoa que ia caindo aquela mão era tão gostosa, o que não seria no tombo da maldade?

    Maria Olho de Prata desandou a chorar tanto que o mulato pensou que fosse da dor no pé. Quis ver o machucado, mas, no apertar o tornozelo, Maria saltou como veado ouvindo estouro, olho muito arregalado, e disparou descalça mesmo pela porta.

    — Vou caçar o menino... Compadre... Compadre pode até ter pressa...

183

Olho de Prata já ia atrás do cemitério, descendo o rio sem destino, cabeça cheia de descaração, quando ouviu aquele:

    — Oi!

    Espiou.

    Entre uns canudos roxos de flor, viu Lalau armando mundéu para apanhar alguma embiara de pelo.

    Dona, onde vai nessa alheação?

A mulata estava desorientada mesmo. Parou, mas não respondeu.

— Chega, bicha do olho grande. Tu parece que bebeu uma lagoa com esse olho...

Maria ficou diante do desconhecido, ainda agachado, às voltas com o mundéu.

A pergunta veio assim como uma coisa à toa:

— Tu é moça ou é do povo?

Olho de Prata deu-lhe as costas, mas, sem ser por vontade, diminuiu o passo.

Zonza, estacou por fim, ainda de costas para Lalau. Pedrão morando na ideia. Não ia dizer nada. Espantou-se com a resposta que saiu sozinha:

— Sou do povo, uai!

A moita de canudos se abriu, as trombetinhas roxas cedendo ao peso dos dois.

Uma chuva largou-se em bátegas fartas...

184

Quando Maria voltou, era lama só.

Pedrão já não estava mais.

Menino de tia Palmira, era de hoje que ia de estrada feita.

A mulata se banhou, se encheu de água de cheiro e vestiu roupa enxuta.

Apartando os cabelos grossos, lisos, em frente ao caco de espelho pendurado no portal, olhou dentro daqueles olhos bonitos como lua de inverno e riu:

— Uai! Como é que uma coisa só tem tanto gosto diferente?

185

Afinal, Vila Nova fez tão pouca falta que só quinze dias depois foi que Arimateia deu o alarme:

— Pedrão, e a farinha que está mancando? E sô Vila Nova que nunca mais apareceu?

— Tá pra lá!

— É que ele disse que vinha dia sim, dia não... Não vai ter acontecido alguma coisa... Ritinha ter adoentado... Estar em alguma precisão...

— Tá não... É enfado da viagem!

— Pode bem ser que Rita tenha tido criança de atravessada... Mande sempre Joãozinho ver. É um favor que lhe peço. Mané Quadrado já disse que aquela criança não chegava a termo. Disse que Rita era sovina de quartos. Se for de sete mês, ainda tá bão!

Na venda de baixo, Julião também já andava inquieto. Conta crescia que era um horror!

No dia que João Abade soube do que tinha acontecido, só disse:

— Cabra de muito enredo finda enredado!

E foi contar tudo ao Conselheiro.

186

O que tinha acontecido é que Vila Nova estava debaixo da terra.

Das Dores começou a contar o caso, ainda cansada da viagem disparada.

Arimateia acudiu com um pouco d'água adoçada.

— Foi Zé do Esparramo quem descobriu. De sexta pra sábado, Zé pousou lá em casa. Vocês sabe que Zé pousa lá em casa porque não é segredo e eu não tenho compromisso desde que Manezada morreu...

— Conta a história, Das Dores — Taramela interrompeu, aflito.

— Apois? Apois, sô Taramela, e eu não preciso alertar o povo de minha vida que não é de fuxico? Apois, Zé pousou lá em casa. Muito que bem! Ficou mole da vadiação e não encontrou sustança para a caminhada de volta sem dormir primeiro. O povo sabe que Zé mora pra cima de Água do Jacó...

Taramela impacientou-se de uma vez:

— Das Dores, conte só a história de Vila Nova. Só! Tá ouvindo?

— Muito que bem! De manhã cedinho, Zé despediu-se e saiu. Eu até tinha pedido pr'ele deixar uma carne no Zacaria Sarrafo... Tenho é muita pena daquele desinfeliz...

O sacristão bateu com o pé violentamente, bufou grosso. Deu uma volta de impaciência e parou no mesmo lugar.

— Hora depois, Zé regressou abobado que nem doutô cum febre. Tinha visto os impossíveis! Caminhava emparelhado com a morada de Vila Nova quando topou bem no meio da estrada com aquelas partes meladas de sangue, de oferecimento a urubu. Arimateia, minha filha, me dá mais um golinho d'água! Gente, onde é que eu estava? Sim. Junto das partes, dinheiro que Deus dava! Esparramo seguiu no rastro, já na mordida do escabriamento por já não ter tido resposta no rancho de Sarrafo. Foi ele que contou. Mas Zé seguiu no rastro. Mesmo dentro da cancela da situação de Vila Nova, ele viu o corpo do homem amostrando a falta das partes, sangrando para mais de vinte ferradas! De junto, um baú cheio de mimo e mais dinheiro alastrando. Dinheiro graúdo. Dinheiro muito. Eu não vi, quem contou foi Zé! Ritinha, lá dentro, se acabava no descanso da dor de menino novo. Sabia nada não! Zé perguntou-lhe de prova: "Ritinha, adonde está teu marido?" Ela respondeu: "Aquele miserave abancou onte de noite sem me servir uma caneca d'água! Apois, seu Zé. Da porta, ainda me disse: 'Vá pro Cão você mais teu filho, que eu vou é gozar a vida na Bahia!'" Quem falou assim foi Vila Nova pra Ritinha. Eu estou contando o que Zé me contou. Não que eu tenha visto nada... Eu estava em minha casa no meu sossego. Apois, Ritinha contou mais pro Zé: "Eu, na dor, não vi mais nada. Tô aqui só com Migueli, e foi só com ele que esse menino nasceu no clarear do dia... O coitado não tem valia de nada. Fala tão pouco... Agora, então, desde que chegou, está nessa mudeira que não dá nem palavra... Se aparou a criança, na hora, eu bem dizer não vi..." Antes de vir contar tudo isso pr'ocês — prosseguiu Das Dores —, estive lá um pedacinho... Agora, sim, conto do que vi! Deixei a menina socorrida de um tudo. O pior foi passar pra lá e pra cá por riba daquelas coisas sem cabimento... Uma hora dessa, Vila Nova já está é debaixo da terra...

187

A morte do vendeiro foi assim: no dia da mudança, Vila Nova vinha saindo com o baú, já de fugida, quando Abade passou. Ia na Canabrava ver Lelé Siriema.

Felizmente só perguntou coisa pouca. Arreliou com o amigo e se meteu logo no caminho.

Mas o plano tinha de ficar em suspenso até a volta do comandante da rua. Por nada desse mundo o fujão queria topar com Abade na estrada! Aconteceu foi que o chefe passou de volta sem que Vila Nova desse fé. Passados quinze dias, o remédio era arriscar. Mesmo porque, a qualquer hora, podia chegar gente de Canudos, a caça de notícias. Nunca mais havia voltado ao arraial e tinha prometido dar uma chegada lá passados dois ou três dias. O que admirava era ninguém ter descoberto o cofre da venda mais oco que tambor de soldado. Por cima de tudo, Rita estava para estourar. Até as águas já tinham vindo...

Justamente naquela tarde de sexta-feira, marcada em definitivo para a fugida, Migueli, desesperado para ver a irmã, deu de mão na faca do velho, largou o medo no mato e foi puxando a perna seca pela quina dos barrancos.

Quando varou a cancela, calhou de Vila Nova vir saindo com o baú de mascate. Migueli só escutou aquela prosa de ir gozar a vida na Bahia.

O sangue subiu-lhe na cabeça que nem foguete em festa de padroeiro. Jogou a perna mole para trás e foi aquela desgraceira sem termo...

Ninguém mais falou no caso.

188

Em Canudos, a vida amornava no rojão dos preparos para a guerra.

Quando aquele menino, arrastando sua Mannlicher descarregada, a capanga sem nem uma bala, Valoroso saltando-lhe em roda dos pés, veio procurar munição, Abade perguntou:

— Escuta aqui: tu não bedece pio de chefe não?
— Que pio é esse? — estranhou o jaguncinho avulso.

Antes de encaminhar Humberto a Mané Quadrado, Abade engajou-o no corpo comandado por Pedrão:

— Tu procura Pedrão. Tu é valente como a peste. Regula com ele a passada da obediência e o mundo vai se danar no chumbo de vocês... Mas o que tu precisa é regular na obediência!

Humberto não disse nada.

Manhã seguinte, tinha sumido do arraial. Ele, a Mannlicher e Valoroso.

Mané Quadrado é que nunca pôde saber como, naquela noite de lua aberta, tinha desaparecido tanto cartucho do depósito da igreja velha...

189

Tardezinha, Francisquinho Mota, que andava patrulhando por conta própria, mais irmão, no vale de Cocorobó, entrou na carreira, subindo de arranco a rua das Lavadeiras.

— Gente, carango chegando que é um despotismo! É tanto deles que só faz empicotar eu, mais meu zirimão, mais o povo de nós! Já morreu Quitério, Ogênio, Mário Sobrado e muita raça de cara nova! A força vem com miles de cavalo e de canhão... — aí o andarilho já estava no meio de um bolo enorme de companheiros. — Vem tudo de rumo feito para o rio e, pelo jeito, traz guia de sabedor. Hora dessa, já deve vir comendo três léguas pequenas por baixo do cemitério velho...

Em roda, levantou um zunzum de arrelia.

190

Assim que a novidade bateu na rua, os chefes correram todos para a igreja nova, como se houvesse combinação preparada.

Há dias que o Conselheiro não se levantava mais. A urina presa aumentou-lhe o incômodo que já vinha de longe e o piorar da asma deu com ele na rede, dia e noite.

Mané Quadrado estava até de pouso definitivo ao pé da camarinha do santo. Ele, mais as suas drogas, infusões e unguentos.

O ruim é que nem a garrafada de quebra-pedra, barba-de-milho e sete-sementes o homem queria engolir mais. Era uma colherinha agora, outra mais logo e só! Também o pano embebido em água de camomila quente já ofendia a pele repuxada dos quartos magros.

O Conselheiro não queria mais os panos.

Quadrado só fazia era balançar a cabeça o tempo todo, como se estivesse dizendo: assim, como é que vai sarar? Que posso eu fazer mais?

Abade, naquela teima de esconder a doença do velho ao povo:

— Ninguém carece saber de nada, seu Quadrado. Pra quê?

A recomendação fazia era crescer sua responsabilidade, que ficava sendo só dele.

Mas os chefes chegaram e foram se abancando ao redor da mesa preta, comprida, sem nada por cima. A mesa tinha sido arrastada por Beatinho para junto da rede do santo.

Abade foi logo dizendo o que era preciso fazer: ataque maciço!

Velho Macambira interrompeu-o macio:

— Abade, Tranca-pés foi sempre pra Faz o Saco?

— Foi!

— Quanto homens tem Estêvão?

Abade pensou: "Cento e vinte... cento e vinte e cinco, mais ou menos."

— Junto com os que falecido Pajeú deixou?

— Junto.

— Muito que bem! — o dedo do velho apontou no ar. — Melhor fazer um troço só.

— Tudo?

— Não. Tudo não! Só com o povo de Boca Torta. O povo de Boca Torta é povo chegado agora, sem prova de briga... Deixe Boca Torta no comando e Estêvão fica de guarnição. Cabra bom, mas sem muita testa de chefe... Pedrão vai na frente para o primeiro solavanco de fogo. Vai com Joaquim, meu filho. Gente mais traquejada. — Virando-se para Pedrão, ensinou: — Você guente bala do cemitério para baixo. Por riba, fica Boca Torta preso na sua ordem. Quantos homens tu tem?

— Quatrocento. — Pedrão estava sério.

— Deixe com Agostinho um cento deles. Agostinho fica no arraial mais eu. De avulso ainda fica mais de novecento. Fica mais de mil fora de briga. Venâncio leva seus cabra pros Fiapo. — Aproveitando o dedo espetado no ar, apontou para Abade: — Tu corta por riba das Ipueiras pra sustentar fogo de trás dos macacos, sempre com distância pra não ofender Pedrão do lado de baixo. Leva só cento e cinquenta cabras escolhidos. Não carece mais por enquanto!

O Conselheiro, que não parecia botar muito sentido na conversa, arrimou-se no bordão e soergueu o peito murcho na rede.

— Me diga: barão mandou sempre o reforço?

Ninguém respondeu.

— Abade, meu filho — o santo insistiu —, mande portador ver...

Abade fez que sim com a cabeça, mas, como não havia mais tempo a perder, todos tomaram a bênção do velho, atabalhoadamente, e se foram, a tratar de suas providências...

191

Sô Abade e Estêvão se serviram de cachaça.

Aquela era uma noite difícil.

As rezas, agora puxadas pela vozinha assexuada de Beato, já sarado inteiramente do ferimento na suã, há muito tempo vinham sendo feitas no escuro.

Não se acendiam mais as fogueiras do costume para iluminar a praça, uma espécie de quintal comum para onde davam os fundos dos casebres. As donzelas do Conselheiro, tão lubricamente desfrutadas pelo pático sacristão, andavam sumidas no alvoroço e mal preparavam os três banhos diários do santo doente, houvesse água com fartura ou não.

Por determinação de Abade, o beijo das imagens, cerimônia do maior gosto do Conselheiro, fora simplificado ao extremo: só corria de mão em mão o crucifixo e o registro do Senhor do Bom Jesus.

Era preciso acabar tudo mais cedo para que o povo se recolhesse logo depois.

O comandante da rua explicou, primeiro, para os que não foram presentes à reunião do santuário, que estava bem ciente da quarta guerra, como começou a ser chamada a nova investida do governo federal. Em duas palavras, disse o que o Conselheiro pensava de tudo e a vontade manifestada por ele de se prosseguir lutando até o final.

Os chefes que aquela tarde tinham descido para a convocação só estavam esperando que Abade os despachasse para segurar serviço.

Boca Torta olhava para o ar como se seguisse com os olhos o voo de uma mosca. Macambira cofiou a barbicha sentado no tamborete de tiras de couro. Ele é que fabricava os tamboretes do arraial.

Arimateia serviu Pedrão de café. O mulato ficou quebrando as beiras do bolachão dentro da caneca, numa lonjura de pensamento.

Abade falava. É que vinha muito reforço de soldado por aí...

— De maneiras que dei ordem a Siriema para esperar Estêvão no Jueté, depois de amanhã. Os chefes grandes do governo são dois: Artur Oscar e Barbosa. As duas brigadas...

— procurou um papel dobrado no bolso e passou-o a Pedrão.

— Medero. Govea. — Pedrão leu o papel e prosseguiu quebrando o bolachão.

— Isso mesmo. Medero e Govea. — Guardou o papel de volta. — Vem um canhão tão desconforme que vai rolar tempo para vencer distância de mato...

— Foi o que Siriema topou no Tanquinho — acudiu Estêvão.

— Esse! Chama Cané. — Abade caçou fio de assunto. — Sim! Siriema já perdeu um homem quando destelhava pouso na lagoa da Lajem. Foi seu Tiburço.

Na fumarada dos fifós, entraram a discutir e modificar o plano começado ao pé do Conselheiro, horinha antes da reza.

Por causa de uma conversa comprida de Francisquinho da Mota com velho Macambira, ficou resolvido que Boca Torta e Estêvão iriam acompanhando o resto da reserva do governo desde Monte Santo.

— Deixem que eles venham por donde quisé até Pitombas — mandou Abade. — Vão é tenteando no tiro solto, do lado sul, para eles não arrepiarem caminho. Agora, essa gente vem cada vez por uma estrada... mas vocês não se aperreiem. Só tiro solto. Tiro de sustentação, tá ouvindo, negro?

Estêvão estava ouvindo.

— Em Pitombas, eu já estou lá. Aí, é tiro dos dois lados, mais tiro de retaguarda. Bala de tanger macaco. Carece que a chegada seja por Umburanas. Lá o grosso de Agostinho espera eles. Venâncio fica mais pra baixo, no parapeito da Viroca. Quando ferver, é pra entrar no fogo de meia altura.

— Venâncio vai é guarnecer Fiapos! — Velho Macambira se aborreceu de ver seu plano desfeito.

Abade não lhe deu atenção. Prosseguiu tranquilo:

— Mas sempre que aparecer jeito, é distanciar eles uns dos outros. No que eles se juntar, de teima, nós tenteia na fuzilaria sem esmorecimento. Quando a frente destabocar em Umburanas...

— E quando eles se juntar com os que já estão pra cá de Monte Santo? — perguntou Estêvão.

— Aí — explicou o chefe — Joaquim Macambira segura no Calderão Grande, Boca Torta para no morro do Mário e Siriema, no Jitirana...

Abade virou-se para o velho zangado e concedeu:

— Agora sim! Agora Venâncio pode descer para os Fiapos.

— E o menino da estrada de Jeremoabo? — perguntou Macambira, já menos agastado.

— Ninguém não vai mexer com Tranca-pés porque vem mais gente de Sergipe. Diz que um tal de Savagê. No que ele assuntar, manda dizer. Se for coisa pouca, o cabra há de se sustentar. Tranca-pés não é homem pra carecer de adjutório...

Quiseram saber sobre munição para tanto movimento. Abade retomou a palavra:

— Norberto: tu que já é chefe também fica como municiador. Tu tem quanta gente, caboclo?

Norberto disse logo:

— Cento e trinta! — e rejeitou a cachaça que Arimateia trouxe.

— Pois, por ora, fica tudo na municiação. Mais melhor tu fazer pião na trincheira nova, por baixo da Tapera Grande. — Abade liquidou o capítulo. — Logo que os macacos da frente, já com o reforço, topem com a crista da Favela, há de deixar o grosso, no que se diz comida e paiol, em Angicos. Abrigo só pode ser é lá! Aí é que chega a vez de Pedrão fazer do bonito: a hora que eles chegar bem em riba, de visão no arraial, como não vão chegar logo com o canhão Cané, só podem começar no tirinho besta de chuvisco. Desde essa hora, ninguém mais sai na rua sem precisão. Taramela lasca o sino no entusiasmo. Manera uma coisinha depois das avemarias. O resto, quero mais morto do que cemitério velho. Pedrão, dando fé que eles já estão lá em cima, com tiro ou sem tiro, espera a primeira escuridão, que não é muita porque a lua está grande, e suba com seu povo pelo caminho descido por Moreira César. As trincheiras daquele lado tão prontas também. São para mais de sessenta...

— Cinquenta e seis — corrigiu Pedrão, ainda quebrando a bolacha dentro do café.

— Nem precisa perguntar se você sabe onde elas estão... Chegando em riba, a noite deve estar comendo solto. Então é fuzilar no grande e no miúdo. Com o reboado, nós tudo junta fogo pesado e Boca Torta desce pra Angicos matando boi ou cavalo, sem escolha.

Abade terminou a conversa de repente:

— E é só!

Macambira interrompeu-o ainda. Fez miles de perguntas malucas sobre o abastecimento lá deles e, mesmo depois que saíram para a rua, foi falando com um e com outro, disso mais daquilo...

192

Já o sol vinha rompe não rompe.

Durante os dias anteriores, o plano de Abade tinha sido cumprido à risca.

Bala comia duro há mais de duas horas.

Era Pedrão segurando terra.

Então, lá por trás, soaram os primeiros tiros da jagunçada de Abade.

E foi bala o dia inteiro...

193

Noite, a coisa amainou um pedacinho.
Ordem era não acender nem cigarro.

Durante o dia, a pólvora boa, sem fumaça, feita por Mané Quadrado, garantia o jagunço bem escondido na mascaração do mato, mas, no escuro, o fogo da boca das armas era alvo seguro e não convinha muita imprudência.

Embora o acampamento dos soldados estivesse bordado de fogueiras brilhantes, tiro foi pouco e rareou ainda mais pela madrugada.

Foi de madrugada mesmo que Abade percebeu o falso da posição: por trás, vinha vindo uma grande tropa de cargueiros, mas tão bem defendida que não havia jeito de interceptá-la.

Recurso foi despentear para as encostas e se fundir nas juremas.

194

Pedrão não arredou passo o dia inteiro.
Nem à noite nem no outro dia.
Mas Pedrão não estava segurando nada e seu contentamento não tinha razão. Pensou que a tropa legal não era nada

daquilo que se dizia e, com pouco mais de resistência, tudo virava alcanfor, como tinha virado o povo de Febrônio e de Moreira César. Até já estava sorrindo do gostinho da vitória.

Mas os legalistas é que se mantinham ali, na espera do comboio que João Abade vira passar, mais de outros reforços para a invasão da vila. Esperavam ainda notícias de Savaget. Pelo trato, não podiam tardar senão um ou dois dias mais. O que Pedrão não sabia, preocupado só com suas quinze baixas e oito mortos, era que o general chamado Artur Oscar tinha passado no Caldeirão Grande com o grosso dos canhões e munição farta, e que os contatos já estavam sendo feitos para o golpe final.

Até hospital de sangue já estava montado, e, se ninguém sabia disso, é que o magote de gente nova, de Mundo Novo, que tinha ido para lá com Venâncio, depois que o corpo do homem que Macambira queria na guarda dos Fiapos rolou furado de mais bala que espinho em palmatória, meteu o pé no mato, na fuga mais vergonhosa de toda a guerra.

Nem um só voltou ao arraial para dar conta da bagaceira e avisar do perigo!

Quando se viu foi bala de canhão caindo na rua e aquela porção de barracas de lona verde lá em cima da pedreira...

195

Trilhando caminhos novos, lá vinha de Sergipe, rédea solta, a Coluna Savaget.

O general, esperança de vitória rápida, trazia seus lanceiros e seus canhões asseados.

Savaget não tinha notícias precisas do que ia por Canudos: sabia apenas que a coisa endurecera porque um pombeiro de Artur Oscar pedia pressa de chegada.

O grosso que estava labutando contra Pedrão esperava pelo reforço de Savaget ou de Queimadas como quem esperou pela chuva na seca de 1891.

Mas o general não era de precipitações: desde que principiou a marcha, quis tudo muito direitinho, só desejando andar por caminhos seguros para não repetir o erro de seus antecessores.

Mandou espiadores de terreno na frente, dois ou três dias de viagem.

Um dos espiadores era o Tenente Passagem, já curtido na Guerra do Paraguai.

196

Pedro Caolho, aquele que matou Pequenino do Jordão na estrada de Jeremoabo, por causa da puxação do *Bendito*, foi engajado no bando de Joaquim Tranca-pés. Celino e Roxinho não se separaram dele.

Quando chegaram no Faz o Saco, começaram de empombação com o chefe: coisa de meio prato de farinha, encobrindo vontade pura de brigar.

Caolho, que só queria mesmo era mostrar valentia, provocou Tranca-pés, metendo bulha do corpanzil do chefe.

Celino e Roxinho foram se chegando:

— Nós tamo é cum nosso cumpadre. Nós veiu cum Caolho e toda vorta que ele dê, só há de sê cum nós...

Tranca-pés percebeu o pretexto; empurrou os dois cabras e explicou ao companheiro corpulento que sua ordem era uma só e estava acabado. A farinha era aquela mesmo e não tinha outra. Ainda se tivesse, não havia de ter valia que o fizesse mudar de opinião.

— Mode que só Tranca-pés quer conversa de amostrá sustança...

— Eu não sou de conversa e não dou assunto a negro inxerido! Tu já tem um olho só de ruim que é.

— Bão... será que tem argum macho fio de égua que quera furá o outro?

— Oia aqui, moço! — Tranca-pés falou duro. — Se tu, mais esses dois pamonha, veio pra brigar com a gente contra os macacos do governo, muito que bem; o que eu não credito, porque vocês são é um magote de covarde; senão, ganhe estrada que ninguém precisa de ninguém... Inda mais de tu, que não vale o peso de tua sombra... Agora chega de batê língua. Eu quero é ver vocês no bater do tiro.

Roxinho e Celino abriram para ver o rolo.

Caolho replicou macio para a desmoralização:

— Escuta aqui, sô bosta de gato: por falar verdade, nós bem não se conhece... vou lhe dizê: chefe de mim sou eu mesmo. Cabra pubo passarinhou comigo, é tripa quentando sole... — e foi logo se coçando no vão da faca.

Tranca-pés era chefe feito. Largou-se dentro. Até hoje Pedro Caolho não falou mais nada. Findado o serviço, o gordo fincou aviso nos dois camaradas:

— Vocês já viram o que estavam querendo ver, não é mesmo? Então, é tomar sentido: comigo é só mijar pra cima pra não mijar mais nunca!

— Contece... — quis explicar Celino.

Tranca-pés encostou a ponta da faca na barriga do cabra.

— Triscou vai também!
Celino saiu de banda. Tranca-pés chamou:
— Agora vocês cave um buraco ligeiro e enterra essa pesta. Bem fundo pra urubu não comer ele. Bota uma cruz por riba que o desinfeliz era batizado...
Fez o em nome do padre e se afastou para a labuta da defesa.

197

Quando Celino e Roxinho enterraram Pedro Caolho, enterraram também aquele molhinho de ossos enxutos, unidos num arame fino, que o morto trazia sempre pendurado no cinturão.

Era a mão direita de um cabra desaforado que, certo dia, na feira de Bonfim, teve a audácia de querer empurrar ferro nas fissuras do caboclo.

Desde então, Pedro Caolho nunca mais se separou daquele berloque.

198

Tenente Passagem, um dos espiadores da Coluna Savaget, já curtido na Guerra do Paraguai, derivou para Cumbe atrás de um sujeito que tinha estado em Canudos, segundo lhe informaram na fazenda de Betinho Jirau.

Depois de tomar sua cana encostado no balcão sujo da tendinha que trazia indicada, explicou que só queria umas informações ligeiras.

Mas só disse isso depois de pagar o preço da garrafa pelo martelinho roubado que tomou com mel de mandaçaia e limão.

Perguntou baixo porque dois tabaréus estavam cochilando naquele finzinho de dia, acocorados na porta, e o militar sabia como os espias do Conselheiro agiam fino na safadeza.

— Vai pra doze anos que estive lá da última vez... A bem dizer, não conheço Canudos de hoje. Só sei que ali, com essa arenga de Conselheiro, não é lugar pra ninguém tomar chegada...

Tenente Passagem insistiu. Então, Arlequim largou-se com tanta pergunta que tonteou o rapaz.

Quando cansou de perguntar sobre um tudo, Arlequim repetiu a história, balançando a cabeça:

— É... Vai pra doze anos! Estive lá em fevereiro de 1886. Fui levar uma tropa de animais... Naquele tempo, esse seu criado negociava em animais...

Tenente Passagem saiu aborrecido como quê.

Arlequim veio ver ele dobrar a esquininha. Correu para os fundos do casinhoto e desandou a anotar tudo em um caderno grosso, melado de manchas:

"...como em Babilônia, não ficará pedra sobre pedra no arraial que outrora se chamou Canudos."

Precisamente assim termina, em meio, o último caderno dos que foram ter a Salvador, em 1903, levados pelo tio do cônego, padre também, em suas andanças pelo interior.

Depois, Arlequim sentou-se na soleira entre os tabaréus, botou os olhos no fundo da tarde ensanguentada que vinha dobrando na virada do horizonte, coçou a nuca devagarinho e foi se abrindo num sorriso de descaramento.

E aqui nos despedimos para sempre de Julius Cesare Ruy de Cavalcanti, o Arlequim do circo de acetileno de Alagoinhas, e que nos ajudou muito a escrever esta história.

199

Tranca-pés, com seu magotinho de jagunços destemidos, esperava na certeza a passagem da Coluna Savaget.

Romualdo é que trouxe essa certeza de Jeremoabo, onde esteve de espião.

Para bom acerto, o chefe mais novo de Canudos mandou cavar quatro trincheiras na beira da volta que a estrada fazia entre maris e touceiras altas de catanduva braba.

Dia e noite, os atalaias se renovavam na vigia.

Uma hora em que ele próprio estava de serviço, não tendo outra ocupação para encher o tédio, já que lhe faltava rapé (só pensando em Pedrão, que também não podia passar sem o pó torrado, fininho, e mesmo assim lhe tinha mandado, pelo último portador, o resto de sua tabaqueira), deu com os olhos da preguiça num pezinho de begônia selvagem teimando em sobreviver ao castigo da seca. Ainda por cima, a pobre begônia lutava desesperadamente contra outras plantas mais rijas que lhe disputavam a fresta úmida do barranco.

Estendeu a mão e arrancou os maris covardes da peste que queriam sufocar a pobrezinha.

Satisfeito com a limpeza, ficou pensando que Deus Nosso Senhor bem podia também limpar a caatinga da soldadama do governo e deixar os tenentes do santo Conselheiro livres como a begônia estava agora, para gozarem seu pedacinho de vida. Jagunço não carece saber o que tem dentro da vida... Jagunço se contenta em viver no avexamento da hora que passa. Não pergunta e não quer saber a razão disso e daquilo. O porquê e o para quê. Jagunço... — Tranca-pés ficou matutando — Juazeiro, baraúna, quipá pergunta nada? Um tem nada que o outro seja maior, dê fruta mais doce... Ficassem os soldados com a caíva de maris, que era a tal República lá deles, com suas cidades e suas cortes, onde chuva era coisa de todo o dia, a terra era farta de um tudo...

Ficassem por lá e deixassem os jagunços viver em paz na fresta seca que a sorte tinha dado a eles, no reparte da vida...

200

Nem sempre o mais terrível é o cruento da luta. Nem o maior movimento da batalha é o encarniçado mais cruel.

Também não é a rapidez da ação o que caracteriza melhor o ódio ao semelhante, a necessidade vital de extermínio, a conquista da sobrevivência inútil.

A intensidade da força dirigida pelo raciocínio é nada, em contraposição à persistência bruta das coisas secundárias.

Isso, se a arena tem por cenário apenas uma pequena depressão no estourado de uma rocha íngreme, onde a Natureza depositou pela mão dos ventos um punhado de pó, transformado depois em terra pobre pelas pobres chuvas esparsas no monótono perpassar dos anos.

Um dia, ninguém sabe como, surge naquela cova a pontinha verde de uma cabeça-de-frade. Na cautela de se defender contra tudo, a penugem traz de dentro do chão a agressividade dos espinhos tenros.

Atacar é, ainda, a melhor forma de defesa.

Contra os perigos do declive, a planta já espalhou forte trama de raízes, mamando, esganada, no enxuto da terra, antes de emergir em broto.

Sem ter atingido o volume de um limão, o pioneiro solitário da grimpa inacessível tem disputado, com precauções iguais, aquela precaríssima fonte de vida, por uma jurema ou por um pé de favela, surgindo também ninguém sabe como.

Logo, dentro do contorno limitadíssimo do vaso natural, tocam-se raízes na ânsia de alimento, na busca à umidade ausente.

Prevenindo reserva maior de espaço, os vegetais principiam por se entrincheirarem, obliquando os pedúnculos.

De tal sorte é impossível o meio ambiente que já não importa sejam transgredidas as leis naturais.

Então, quipás miudinhos começam a cobrir a superfície nos interstícios e, enquanto se inicia a disputa subterrânea na árdua tarefa de viver, um facheiro irrompe violentamente após certa noite de mais sereno.

Duas palmatórias se esparramam por fora, transbordando folhas grossas na pedra escaldante.

A breve aurora de uma bromélia surge curiosa, mas, escandalizada com a brutalidade da concorrência, sobrevive apenas o tempo de despencar lá embaixo o mimo de sua flor morta.

Enquanto raízes se entrinçam, atingindo na carreira a pedra do fundo, resvalando por ela a subirem nos bordos já engrossadas pela pluralidade, a voltearem de novo quando uma única penetra sôfrega pela fresta que só permite passagem à que primeiro atinge a abertura esconsa, deixando as demais enoveladas prosseguindo na trajetória absurda pelo cerceado exaurido; as folhas e os caules, em cima, se entrelaçam também sedentos de ar, entrepenetrando-se com espinhos num entrinçado semelhante ao que vai por baixo da terra.

O facheiro, pela sua altura desconforme e tamanho sem proporções, pelo mole de sua polpa indene, absolutamente vulnerável por entre os desvãos não guarnecidos de pontas, é o primeiro que tomba.

E tomba sobre o sangue da flor que a cabeça-de-frade conseguiu entreabrir, defendida pelo atarracado do tronco curto e hostil.

Então, as palmatórias-do-inferno vão escurecendo suas folhas pouco ágeis, menos pelo contato abrasador da rocha do que pela derrota de suas raízes flácidas.

A jurema seca por fim e a cabeça-de-frade, renunciando a todos os seus direitos de antiguidade, termina sufocada pelo alastramento do quipá, menos sóbrio, mas muito mais combativo.

Dias passados, na última fase da luta pela conquista imponderável de mais um ciclo imponderável da vida, o próprio quipá se extingue, vítima de sua incrível exuberância em tão miserável meio.

Meses mais tarde, humanazinhamente, surge naquela cova abandonada, ninguém sabe de onde, a pontinha verde de uma cabeça-de-frade...

E recomeça tudo, porque é assim mesmo...

Porque tem de ser assim mesmo.

201

A briga tinha piorado para os jagunços. Nas últimas horas, bala coriscava que era um horror.

Ao meio-dia de 16 de junho de 1897, com a segurança das muitas precauções tomadas, a Coluna Savaget partiu de Jeremoabo.

No Brejinho, duas balas vindas do mistério derrubaram dois praças.

Foi o primeiro contato do general com o fogo do Conselheiro. Mas ficou nisso.

Humberto não teve tempo de atirar mais porque a reação foi rápida e violenta.

No álveo onde tinha se alojado, rés do chão, para queimar na tropa, os soldados vindos de Sergipe só encontraram um pedaço de beiju seco, mais duro do que pau de bimbarra. Não ligaram muito pr'aquele cachorro empestiado que ficou latindo furiosamente, boca cheia de espuma branca de fome e sede, antes de afundar no mato.

202

Quando Savaget passou de fumaça por Faz o Saco, era tanta gente, tanta, que Tranca-Pés, na tocaia, só se animou para enviar um pombeiro por dentro da caatinga, com recado de urgência para Abade.

203

O pombeiro foi Nico. Nem bebeu na cacimbinha do meio onde a cabaça do uso ficou balançando, amarrada com um barbante no mourão de junto.

Nico preferiu entreter sede com um pedaço de rapadura a se desmanchar devagarinho num canto da boca.

Tudo por causa da pressa que levava.

Quando caiu na sanga de Abade, piou, piou, mas não obteve resposta.

Só o vento, se esfregando nos galhos, despertava um pouco de vida dentro da noite.

Desde que Abade se despenteou com os seus, adiante do comboio legalista, não deixou nem sombra...

Nico ficou meio apreensivo; correu por fora para evitar o acampamento militar e tornou a piar de sopro.

Pedrão susteve o pio e se meteram em outra sanga.

— Tranca-pés mandou dizer que babau pra nós tudo — o pombeiro foi logo dentro do assunto. — Não há quem se aguente com o tanto do povo que vem por Jeremoabo! Ficou foi esperando ordem para ver o que é de gosto de vocês... Até minha volta, diz que não solta um tiro, que é pra não levantar guerra fora do tempo. Acha que é besteira brigar na desvantagem, mas, se for ordem, briga mesmo!

Pedrão cuspiu de esguicho:

— Já falou com Abade?

— Sei de Abade não!

Nico contou como tinha encontrado oco o campo do chefe.

— Possível?!

— Será que sô Abade ganhou distância de paz?

Pedrão soltou-lhe uma bordoada na cara com as costas da mão.

— Tu duvida de Abade, corno? — Logo, mudando o tom de voz, recomendou: — Diz a Tranca-pés que faça trabalho de homem de calça! Se acabar a munição antes de eu lhe mandar mais, espalhe seus cabras no mato até pio de chamada.

Nico pulou para fora e sumiu, agachado por debaixo das favelas.

Pedrão ficou pensando em Abade: aquilo devia ser plano feito. Aviso deve ter sido extraviado que o comandante da rua não ia deixar de avisar aos companheiros de luta... Só podia ter sido sumiço de precisão...

E voltou para junto de seu bando na mantinência do fogo.

204

Quando os Shrapnells caíram na rua, o povo correu de novo para se abrigar nas igrejas.

Mané Quadrado, passada a primeira zoada, perguntou:

— Macambira, e não vai se fazer barricada?

Macambira achou melhor usar tática nova, já que o ataque vinha diferente também.

Chamou Beatinho:

— Tu sai pela rua espalhando tudo que é homem de valia pelas casas dos becos. Quero ninguém nas moradas da rua grande nem nas de lá de baixo, ao pé do rio. — Referia-se às que tinham sido invadidas ao tempo de Moreira César. — Essas, quero abandonadas de todo, mas não quero nem janela nem porta aberta! Mulher e criança mole, tudo na igreja velha. Bote uns meninos pra trazer o que se diz de-comer do armazém de cima. Tudinho! Quero tudo aqui no santuário.

Doralice só pediu arma e bastante munição para guarnecer uma casa também.

Foi!

O velho mandou Maria Olho de Prata nos Fiapos com ordem de trazer o que fosse vivente de lá...

Na cambulhada, veio Venâncio com seus vinte homens, já que não carecia guardar mais o arsenal, todo mudado para a igreja velha.

Taramela viu Maria correndo, de ida, vestido levantando no vento. Pensou que uma bala bem podia terminar de vez com aquele precipício. Quando viu ela vindo de volta, na frente do bolo, pensou outra vez como havia de ser bonito ver a mulata rolando no chão. Ficou tão triste por não ter acontecido nada disso que, por um minuto, nem pensou no perigo que ele mesmo estava correndo...

205

Nesse dia, Joãozinho não tirou os olhos da mãe com pena da pena dela. Obedecendo ao pai, ficou com Arimateia.

— Mãe, Deus querendo, vão parar de soltar tiro em riba de nós!

Na hora de se recolher à igreja, o menino pensou outra vez na tristeza da velha; correu em casa, deu de mão na Comblain de reserva que o pai tinha pendurada no cabide da camarinha, encheu um saquinho de balas de aço e sumiu do arraial.

206

João Abade sabia muito bem o que tinha de fazer.

Quando largou a sanga onde Nico procurou por ele depois, de fugida do comboio que se aproximava, sabia que seria inútil resistir, no chumbo, àquele bando de gente que levava até granada...

Por Norberto, já tinha tido conhecimento que pelo menos mais duas colunas vinham marchando sobre Canudos.

Nem ia haver touceira por aqueles agrestes que ficasse virgem de vasculhamento de fogo. Evitar as colunas era o principal.

Piou no chamado da turma.

O jeito era deixar de mão os soldados que já estavam dentro. Se pudessem impedir os comboios... Sem munição e sem rancho, havia de ficar tudo vário e dava tempo de sobra de se fazer muito estrago.

Soldado da capital é bicho que nem sabe que folha presta para comer, quanto mais tirar água de batata de umbu para matar sede braba de junho. Haviam de abrir o bico mais do que mocó sangrado...

Quando ninguém piou mais de fora, tomando altura de chegada, Abade contou: com ele, centro e trinta e três.

Tirou Nonato da conta, que era para ir levar recado a Pedrão. Recado tanto da chegada do comboio como da subversão do troço por coisa de seis dias contados nos dedos.

— Diga ao compadre que sexta-feira nós está de vorta ou urubu tem festa no mato. — Abade esperou a noite. Precisava cortar caminho por entre os pesados do comboio. Aquele que tinha chegado não dava mais jeito! Estava perdido para as suas balas e não adiantava de nada atirar no desespero: era morrer à toa!

Logo que o sol estrebuchou para as bandas de Massacará, o mameluco deixou secar as últimas manchas de luz nas nuvens e mandou que seus cabras se fossem, um a um, varando nos apagados como roda de berbequim até a tronqueira do rio.

À medida que os cabras se iam, arrastando-se no chão que nem minhoca, Abade ficava de ouvido atento, esperando o estrondo do tiro de descoberto.

Tiro não veio nunca.

Quando ficaram na sanga só ele e Nonato, repisou no aviso para Pedrão:

— Tu já sabe... Agora, vamos tomar caminho de separação. Vai tu por riba! — Nonato pulou fora da búrica e entrou por trás de uns alecrins murchos.

Abade esperou uma coisinha e desceu na pisada dos companheiros.

Aquele tiro solto que escutou lá longe, de barriga no chão, foi o que torou o seguimento do recado. Nonato abriu muito a boca, ficou esperando a golfada e, quando ela veio queimando lá de dentro, avermelhando o azul da camisa grossa, deitou o ouvido na terra e pensou que hora chegada de homem morrer nunca pode trazer adiamento.

Abade tomou ponto na tronqueira onde os seus estavam pensando naquele tiro.

— Sei não! Até que pode ser que Pedrão tenha tomado mais acerco de atrevido que é...

Não pensou em Nonato porque recomendara que o menino fosse muito por dentro, de vez que não carecia pressa.

207

O comandante da rua já estava de ideia traçada: recolheu tudo o que tinha jeito de arma de fogo; enterrou as peças ao pé da tronqueira, muito disfarçadamente, e examinou as facas dos cabras, uma por uma.

Não disse nada aos companheiros, mas atravessou o rio, ganhando o nascente, em rumo perpendicular à estrada de Monte Santo até depois da altura da casa de Das Dores. Fez uma paradinha de nada. Pediu aos jagunços que não esmorecessem na pisada da pressa e endireitou para o norte.

O bando afundou na caatinga...

208

Uma lagoa morta...

Coisa alguma pode dar mais tristeza na desolação da magrém do que uma lagoa morta!

Num dos derradeiros socalcos do Caldeirão Grande, já perdendo de vista o seriado de morros que se vai esmaecendo no azul do céu até os confins da serra de Canabrava, havia uma dessas lagoas mortas, dentro de uns restos emaranhados de calumbi.

As margens, endurecidas no esboroado das chuvas muito passadas, esfarelavam um pó cinzento que penetrava nas frestas do chão gretado.

Marcas secas de pisadas do gado que por ali andou, no tempo das águas, aumentam a saudade e criam um desejo novo de verdes que não têm fim.

Então, quando vistas ao pôr do sol ou sob o fininho de uma chuva de pirraça, dessas que são mais para aborrecer do que para saciar, a agonia dos rastros no desanimado do caminho dói no coração como lembrança de filho que o mundo engoliu.

E não se vê, até onde o olho abarca, a mancha alegre de um picuaraçá, o ouro ingênuo de uma flor de juazeiro ou o alvo inocente das penas de uma tubaiaiá espantada.

Quando Estêvão, Norberto e Lalau se largaram do troço de Boca Torta e chegaram em patrulha, porque Pedrão não podia desfalcar seu bando com serviço de reconhecimento, viram junto à lagoa morta aquele menino caído no jeito de já estar morto há dois dias.

A boca estava cheia de formiga e, do ferimento do pé do umbigo, o sangue que saiu coagulara-se preto na aspereza de uma nata que não foi bebida pelo chão.

O menino morto era Joãozinho, filho de Arimateia...

209

Nico trouxe recado de volta.

Chegou aí pelas dez horas.

Em Faz o Saco, sol brilhava que era um desperdício. Claridade chegava a triscar dentro dos olhos no sadio da manhã.

Até que não estava quente, porque o ventinho temporão de junho já pinicava de leve, levantando aqui e ali um borrifo de pó solto no meio da estrada.

O pó parecia cavalo velho: levantava, dava uma carreirinha de banda e assentava mais adiante.

Tranca-pés ouviu o que Pedrão mandou dizer pela boca de Nico. Não esmiuçou palavras. Só disse:

— É assim? Então, orde é fazê trabaio de home de carça? Serve! Tombém tá bão!...

Juntou sua malta. Primeiro, foi dando um naco de carne de bode, seca no vento, um punhadinho de farinha grossa e um taquinho de rapadura a cada companheiro.

Considerou, depois, os dois ou três dias que a força do governo levava de vantagem desde que passou por Faz o Saco, sem ninguém açoitar bala em cima dela: andando bem, com aqueles trens pesados, a Coluna Savaget só podia ir na altura do pocinho do Carioté.

— Nico, tu que é bão andadô, me diga...

Da conversa, ficou assentado que, se partissem desde logo por dentro da caatinga, dia seguinte, antes de romper o sol, estariam eles também no pocinho.

— ...cortando a vorta grande da estrada — terminou Nico sua opinião.

O vento fresco levantou outra nuvenzinha de pó: ela foi pra lá, pra cá e agachou de mansinho na estrada banhada de sol.

210

Sem tardança, Tranca-pés e a sua turma lascaram o pé no chão espinhento.

Quando as siriemas começaram a procurar noite debaixo da asa, Nico perguntou se não iam fazer uma parada de refresco.

— Não carece! Nós não tem que aparar mais... Quero é que cada um atire até o derradeiro cartucho antes de ir pro céu. Ninguém não vai sumir no oco do mundo com bala virge nos aió!

Foi dito e foi escrito.

Na arrumação da claridade do dia, era eles romperem no Caricoté de um lado e a Coluna Savaget levantar acampamento do outro.

Isso já na embocadura de Canudos.

Tranca-pés não tomou suspiração: largou fogo no rumo!

A resposta veio tão na estupidez que até parecia estar sendo esperada.

Assim mesmo, foram dez minutos de resistência braba.

Eram catorze homens contra dois mil, trezentos e quarenta e sete soldados, afora canhões, cavalos e comboio de munição e comida...

211

Não havia determinação de vencer coisa alguma! Era para se acabar tudo de vez. O chefe tinha avisado: afundar na bala até o fim!

A sustentação do ataque atrevido durou dez minutos. Ia mais um tiquinho, mas não demorou porque, de repente, deu uma coisa do Cão em Roxinho.

Apois não é que o menino, doido no meio da matança, ele que já tinha derrubado bem uns quatro, largou de mão a Comblain, jogou no mato a parnaíba de gume lascado e, desarmado que nem padre na desobriga, partiu para o meio da estrada como se estivesse na festa de São Gonçalo?

Tranca-pés ficou espiando os saltos que o negro dava, na carreira, implorando socorro e que ninguém não matasse ele.

Logo, soldado muito correu atrás, fuzilando duro. Roxinho chorava como donzela. Dava saltos de rasgar, cada um mais longe.

Espalhava braços e pernas, formava no ar o jeito de cruzamento de cancela, encostava o pé no chão e saltava mais adiante, tornando a se espalhar dentro do vento.

Soldado atrás.

Outro impulso e outra vez o cabra se soltava no desamparo do ar mais distante, mais distante...

Nem se importava com os buracos das balas! Assim foi indo, sempre no berreiro de boi castrado, até a curva de junto do ingazeiro de sá Maria.

Na descida do derradeiro salto, largou-se de cara no chão, lardeado de chumbo.

A força que levava embolou o bicho na terra como tatu em ribanceira molhada. Roxinho deu de se rebolar em cambalhotas até perder o impulso de todo.

Tranca-pés não viu o fim, porque, entretido conforme estava, não tomou reparo na carga de cavalaria que já vinha em cima.

A pregada certeira torou-lhe o tampo da cabeça.

Hora dessa, os dois companheiros que escaparam — Nico mais Celino —, cartucheira cheinha que nem mimo de mãe, andavam apartados de guerra na catação de sossego...

212

Abade tiniu rumo norte quase dois dias.

Caminhada de avexamento.

Mas, quando botou Quirinquinquá de través, começou a se aproximar da estrada de Queimadas, o que pedia muito maior cautela no seguimento da marcha, agora bem mais perto do zanzado dos soldados de ida e volta; uns levando sangue novo, armamento, munição, toucinho e sacaria fina, ou tangendo reses para o rancho farto; outros, de volta, trazendo feridos das baixas que Pedrão, Estêvão e Boca Torta faziam, já guerreando de cima, numa linha de mais de meia légua, que ia descendo o rio até meia encosta da serra.

Entre Queimadas e Tanquinho, mesmo na boca do tanque, aquela lombada em corcovo era o canto mais à feição para o plano de Abade.

O chefe deixou o sereno chegar e só depois que afundou com sua gente nos álveos das últimas erosões, quase comendo a borda da estrada por trás de medonha parede de alecrim tramada, explicou o fim da viagem.

Trazia certeza de encontrar comboio acampado por ali, e encontrou mesmo!

Fez que cada homem marcasse um animal, fosse rês ou fosse cargueiro. Marcou-se no olho, aproveitando o resto do claro: quarenta e dois bois para o corte e noventa cargueiros de peso e arrasto. Para ele, reservou um bonito boi carapicu de mais de oito arrobas garantidas, só de polpa.

Quando a noite caiu, já dificultando a vigia dos cabras pelas frestas da vegetação, animal se misturando na folga da parada, os cabras aprontaram na faca e ficaram esperando pelo silvo de Abade.

Não era para sangrar homem nenhum! O serviço era pular, todos a um tempo, em riba dos animais, derrubar os bichos na pregada do ferro, sem ninguém se importar com o corpo ou com o inimigo, varar a estrada para o outro lado depois do serviço feito até se juntarem de novo no pio.

Isso os que escapassem.

Abade recomendou:

— Ligeireza, mão certera, perna rija e a ideia no Senhor do Bom Jesus.

Já os homens, por via do escuro, não conseguiam segurar no olho suas presas quando o silvo saiu de cortar no ouvido.

Tudo não demorou meio minuto.

Mais tarde, dos cento e trinta e três jagunços, oitenta e quatro responderam, mas, dos animais marcados para morrer, só quatro estavam ainda de pé.

Na estrada, a confusão que se derramou era de acabar. Debaixo do pipocar teimoso das Nordenfelds vigilantes, trem esparramado por cima de animal morto, varal partido no tombo da queda se misturando com corpo de jagunço melado de sangue... o espanto maior deste mundo!

Contra a recomendação de Abade, dois homens tinham se finado também: um foi Juca Coelho, menino bom da Paraíba, que sangrou na volta do rim, de lambuja, aproveitando um tempinho arranjado entre a queda do seu animal e a fuga. Outro foi Mamãe Barreto, baiano alto de cara de menino mole, que matou.

Mamãe Barreto pregou ferro, primeiro, em um cavalo zaino que puxava no coice o pesado Canet, morteiro muito novo de grande alcance no estrago. Mas, no salto de lado, de fugida, prendeu a fivela da alpercata que tinha roubado de Mané Castanheira nos tirantes bambos, enredou-se e focinhou no chão, dando tempo para que o cercassem.

Perdido por perdido, foi logo chamando na tainha o bucho de um sargento e, sem saber ainda que estava todo furado nos baixos, pregou outro macaco perto.

A faca, já sem sustância no impulso, só fez foi ficar agarrada no talabarte de mais esse menino.

Mamãe Barreto estava com uma brecha de todo o tamanho na cabeça. Então, deu uma gargalhada de meter bulha e emborcou de vez.

213

Quando a Coluna Savaget estourou dentro da Tapera Grande, foi festa em toda a serraria.

Os comandantes juntaram-se no acampamento por trás do hospital de sangue.

Conversa comprida de doutor importante. Até jornalista da corte discutia guerra como se fosse capitão. Diz que tinha um, Euclides da Cunha, que estava escrevendo um livrão sem termo, bonito de fazer gosto. O livro era tão porreta que os gringos queriam fazer um igual na língua lá deles. Tudo terminou com os macacos saudando a tal da República. Mas, na outra madrugada, já foi para dar feição ao plano confabulado.

214

A primeira entestada foi de torar jatobá troncudo!

Começou com um coronel magrinho saindo do acampamento cheio de relógios e agulhas. Diz que era para tomar altura de vento e quentura da manhã.

Logo, os soldados da força desceram a vertente, atravessaram o Vaza-Barris, entraram no arraial como faca quente em toucinho, sem dar nem bom-dia pra ninguém.

A rua estava vazia, que o povo assuntava no seu quieto de dentro das igrejas.

Dias depois, sem se importar com bala, a jagunçada principiou a hostilizar mais forte. Já não era só defender o santuário: era atrevimento de ataque!

Os soldados amarraram posição mais segura na baixada das Lavadeiras.

Jagunço ladino começou a se mostrar, a sair e entrar em Canudos dando volta por trás de Casas Vermelhas, mesmo nas ventas dos macacos.

Só que podiam fazer assim protegidos pelo fogo cruzado das igrejas.

Os generais não conheciam o lugar nem as manhas do povo. A estradinha de Uauá, com o desembocamento mascarado, foi largada no bem salto. Por ali entrou muito trem de fora, quase tudo mandado pelo barão.

Com coisa de nove dias, encruou a investida de Savaget e os meninos do Conselheiro principiaram, por sua vez, a segurar posição.

Pombeiros de Pedrão, Abade e Boca Torta, os chefes que andavam pelejando por fora, levavam e traziam o que fosse preciso.

215

Estêvão tinha improvisado um arsenal por baixo de umas pedras que nem o Cão descobriria. Da mantinência saiu para a repartição.

Beatinho é que ajeitava tudo na ligeireza.

Foi um varar de tempo sem novidade.

216

Um dia, manhã levantada, Humberto terminou na bala, de escoteiro, em riba do acampamento e do hospital.

Juntou soldado para dar-lhe caça: deram com o buraco em que o menino se metera. Valoroso tava lá de bucho pra riba, recheado de chumbo. Cartucho estourado era cisco espalhado por galinha, mas, de Humberto mesmo, até o vento tinha sumido...

217

E danou-se de rolar tempo com aquela guerra encruada.

Junho banzou todinho com a seca comendo de largada, e julho já ia no meio sem que os soldados acertassem mão na dureza ou os jagunços deixassem ninguém sossegado.

Negócio de melhorar e segurar posição, tanto para uns como para os outros, era fora de conta.

Houve foi muita morte.

Depois do último assalto ao desfiladeiro de Cocorobó, onde ainda estava o melhor da tropa do governo, depois da estourada de Brejinho, depois do repiquete da vingança legalista, destruindo e incendiando Casas Vermelhas, a notícia de maior valia foi que uma brigada de socorro gordo já tinha batido de Queimadas para Jueté.

O que se soube foi que, nessa última coluna, vinha um dos donos da República: um cidadão chamado ministro.

Quem tinha comandado o assalto ao povo de Savaget foi Boca Torta. O general terminou sendo ferido, e o jagunço, depois de fazer tanta da miséria, finou-se estripado numa baioneta.

O melhor é ainda contar esse caso mais para adiante. Foi no dia 25 de junho, quando...

218

Não é que Arimateia cismou de ir ver a sua casa?

Como o arraial estava cheio de soldados, já todo esbagaçado, com o que se entendia por povo vivo, aparte dos combatentes, abrigado nas igrejas, ninguém mais andava pela rua.

Para quê?

Coisa de cinco horas, se tanto, a preta cruzou um xale sobre a bata e saiu descalça mesmo pela fresta da porta do lado do santuário velho, onde o santo morou primeiro.

Quem podia saber o que a mulher de Pedrão queria ver naquelas ruínas, madrugada daquele jeito?

Mas Arimateia obstinou-se e foi sempre.

Quando entrou no bequinho, sungou a saia até os joelhos por causa dos derrocados, levantou aqui uma panela quebrada, ali um pano misturado com terra...

Arimateia pegava os trens, olhava fixo em cima deles e soltava de lado.

Quando chegou no lugarzinho mesmo onde tinha sido a sua cozinha, aprumou bem o busto, encheu os bofes daquele ar esfumaçado de fogo frio misturado com bodum de morto velho que nem cavalo inteiro sentindo cheiro de égua arretada, jogou as mãos para trás e respirou com força.

Então, os ombros caíram encompridando os braços para baixo. A cabeça tombou de lado, abriu as mãos esparramando os dedos no jeito de quem tomou o último alento e, agora, largou de sofrer para os definitivos.

Uma lágrima grossa arredondou no canto do olho. Tremeu, mas não chegou a rolar: sumiu como some tudo o que é água nos agrestes do Cão, nos ermos da caatinga, no desespero das caívas, no insulto dos espinhais da terra mais desgraçada do que toda a desgraça de Arimateia...

Catando caminho por entre as fogueiras ainda não apagadas de todo, pisando sobre o mundo de destroços dos aquilos que, ainda outro dia, tinham dono e cabimento, a preta voltou, balançando na mão, lá embaixo, a nassa que Julinho usava na vadiação de outros tempos, achada por acaso debaixo de uma esteira de icó.

Já vinha quase emparelhando com a porta fechada da venda de cima de Vila Nova quando uma bala certeira estatalou com ela no chão. Do pau do nariz borbotou sangue muito vermelho e os peitos grandes, luzindo de pretos, se derramaram por fora da bata, que ficou enrolada no pescoço.

Era assim mesmo...

Tinha de ser assim...

219

Anoiteceu.

O silêncio e a escuridão abocanharam Canudos, que se sumiu no vazio das horas.

Nem uma luz.

De espaço a espaço, muito longe, o eco de um tiro acordava a embiara miúda. Era um jagunço penteando alvo...

Quando um tiro se perdia no derradeiro socavão de serra, o sereno leve, diluindo os ruídos da noite, entristecia as sentinelas sonolentas.

Ainda era melhor ter medo dos medos da mata do que ficar sentindo aquela melancolia parada...

O céu, farinado grosso de estrelas, dava mais tristeza à tristeza da noite morta. Nem a aguinha, correndo de menina sobre as pedras roladas do fundo, disfarçava a pena da vigília.

— Eta noite sem termo, praça velha! Até parece no Paraguai...

Juca Furriel se foi com a mão no bolso, fumando cigarro, encompridando passos na ronda comprida, pensando no pai que contava tantas histórias onde não se ouvia falar em sangue, em sofrimento, em vingança; sempre de um homenzinho miúdo, de roupa muito velha, que só fazia o bem a pessoas, conversava com os bichos, ajudava as plantas, gostava das pedras, de tudo. Queria bem até ao Japão...

Juca Furriel abanou a cabeça pesada de saudade, olhou para cima e deu de separar as estrelas mais graúdas onde, em uma delas, devia estar o pai, em outra o tal Francisco de Assis, os dois achando Paraguai, Canudos, aquilo tudo, um baticum muito da doidice...

220

O caso do assalto de Boca Torta foi assim: começou no dia 25 de junho, mas o carrilhão emendou até 28 de noite.

Boca Torta juntou tudo que era cabra que pôde: seiscentos e dezoito! Encheram-se de balas e, pela primeira vez, Abade deu ordem de beber cachaça. Queria era serviço de estuporação!

Foram chegando no pé do Cocorobó e a Coluna Savaget estava mesmo à feição. Boca Torta não desmereceu. Foi grande o serviço, tal qual vinha fazendo a jagunçada. Tiro pra cá, tiro pra lá. Comeram o dia seguinte na bala. Comeram o outro também.

Na petulância do destemor, Boca Torta foi fechando o cerco bem no focinho da tropa. Já estava quase lutando de mão. Só que, de jagunço, só restavam uns quarenta!

Por causa disso, o desespero afundou na vaidade do chefe, cresceu quando ele viu que o general Savaget tinha sido baleado na raiz do pescoço. Não adiantava mais segurar nada com tão pouco cabra de resto. Vencer, não ia vencer nunca mais, que aquele mundo de soldado morto não fazia mais falta à miséria da República do que um punhado de feijão tirado de um saco.

Então, Boca Torta piou de debando e ficou espiando os companheiros tomarem distância no tiro. Quando se viu sozinho, fez que nem Pajeú depois de mordido pela cobra: lascou o pé no esparramo, sem fixação. Derrubou seis ou oito governos que não teve tempo de contar certo. Quando viu, estava entalado numa baioneta.

221

Tiro é que maneirou, mas não terminou.

Com o avanço dos macacos por cima do povo de Boca Torta, tudo caído no esbagaço, o furriel de guia deu com um monte de morto no canto da estrada. Era soldado e jagunço misturados.

Que fantasma teria juntado aquele bolo ali?

Escondido atrás de um pau, viu que a ruma de defunto é que atirava na tropa! Viu tanto que levou bala no meio das ventas.

O tenente mandou dar uma carga segura de baioneta, porque morto que atira não está morto.

Deu-se a carga!

Bala parou, mas os mortos estavam mortos mesmo.

Só que, do fundo deles, um vultozinho se pinchou dentro do mato, no escuro da tardezinha. Mannlicher na frente. Nem ninguém viu que cor tinha a calça de Humberto...

222

Noite destabocando estrela no retirado de Água do Jacó e Ritinha cuidando dos panos do menino.

Migueli, largando o olho solto no fundo do céu, balançava a perna mole na toada do berimbau.

Feliz...

223

Se a guerra já estivesse cansada de matar gente, não tinha precisão de contar o episódio de Joaquim Macambira.

Foi no outro dia da morte de Arimateia.

Com a carência de chefe de labuta de sangue que estava havendo: só restava Abade, Pedrão e Agostinho, do lado de baixo, e Norberto segurando por cima, porque os outros era de hoje que estavam em definitivo embaixo da terra.

Joaquim Macambira ficou para dirigir a defesa das igrejas e do povo, além de vigiar as mazelas do santo.

O menino não se conformava era de ver, cá de baixo, a ponta negra do Canet em riba da pedreira a largar bala que era um desperdício.

Aquele bicho já estava até conhecido do povo: a "Matadeira"!

Alguém tinha de dar um jeito naquilo. O menino de Macambira vivia matutando. Quando cochilava mais de fome e de cansaço do que de sono mesmo, cabeça derreada por cima do cano do rifle bom que tinha recebido como presente do barão da Rancharia, só fazia era sonhar com a Matadeira...

Senão, quando se espantasse, a igreja estava no chão!

Um dia resolveu. Primeiro, quando foi buscar água que andava vasqueira como sombra em chão varrido — a água tinha de ser apanhada na cacimbinha do meio do rio seco onde Maria Olho de Prata já tivera até de arrastar para fora, antes de caçar o caldo salobro, o corpo meio apodrecido de Mané Quintela —, Joaquim Macambira só viu foi relampejar aquelas línguas de fogo, umas atrás das outras...

Danou-se no desconsolo. Despachou sempre os baldes, mas foi ao pai:

— Pai, quero ir acabar com o baticum da Matadeira!

O velho estava agachado, lonqueando couro para os seus tamboretes. Como coisa que não tivesse dado fé do pedido, nem levantou os olhos.

— Toma a bênção do Conselheiro e vai!

O santo não falava mais. Rejeitava desde semana passada até o pires de farinha seca que lhe levavam implorando para que comesse. Imóvel na rede, não fez um gesto.

Joaquim cresceu no nojo do governo. Apanhou a mão inerte do Conselheiro e beijou-a cheio de fé e de esperança: caridade não, porque caridade na caatinga é ferro nos peitos.

Dali, Joaquim chamou oito rapazes.

— Nós vai é acabar com aquele trem da peste! — e apontou a boca do canhão lá na pedra.

— É o jeito.

— Quando?

— Esta noite?

A última pergunta foi de Mundico, um jaguncinho recém-chegado de Patamoté.

— Nest'ante — respondeu o chefe imberbe.

Passava uma coisinha de meio-dia. Os nove saíram tomando o caminho da direita para ganharem altura rapidamente coadjuvados pela rigidez das pernas jovens. Quando passaram pelo corpo de Arimateia, os meninos ficaram foi com pena.

Joaquim abaixou os braços do cadáver, juntou as pernas gordas, desceu a bata que tinha se enrolado no pescoço, deixando os peitos no sol, se benzeu e alcançou os companheiros. Foram em silêncio até lá em cima.

Só nos matos mais próximos da Matadeira o menino explicou, já ao comprido, no chão:

— Agora, vamos saltar tudo junto na boca do bicho.

Ninguém respondeu nada.

— Com o peso da gente, pinchamos ele lá embaixo... Ninguém não vai pensar em viver ou morrer. Não faz mal se a gente cair também... Tá bão? — E explicou a Lucas: — Tu, primeiro, avoa em riba daquele macaco de cá. Se sangrar ele na surpresa e for do bem-sucedido, ajude logo nós no empurro da Matadeira. O cabra de mais pra cá, deix'ele por conta de meu ferro que eu faço o mesmo. Mas porém se não fizer, vocês não se arvorocem; só o que é preciso é dar com a Matadeira lá embaixo na rua...

Todos concordaram. Nas nove expressões juvenis só se via um sentimento: obstinação.

Mundico, o mais pequeno de todos, é que olhou para a peça, para os dois soldados, para o sol que faiscava no aço torneado do cano, polido que era uma beleza.

Olhou depois para o arraial, a medir o tombo. Abriu os lábios como se fosse rir, mas se encolheu logo no jeito de quem sente uma ferroada num dente.

— Vamo então? — perguntou baixinho a Joaquim.
— Pronto?
— Pronto!
— Pronto!
— Salve o Senhor do Bom Jesus! — Era como senha.
— Sarve!
— Para sempre seja louvado!

Joaquim Macambira levantou o braço armado, ainda de barriga no chão.

— Agora... vamo... já! — e um assobio fininho cortou o ar rasteiro como o rocio de madrugada de chuva.

Os nove guerreirinhos saíram agachados e foram se levantando no rumo.

Atiraram-se à Matadeira num encharneiramento.

Antes de os dois soldados da vigia tombarem no soluço dos ferros, o canhão balançou. Com o auxílio imediato dos dois, porém, em vez de emborcar no precipício, emperrou de todo.

É que os jagunços não sabiam que a peça, além dos calços, era travada mecanicamente. Foi tempo bastante para acorrerem os soldados do acampamento.

Macambira deu ordem de debandar. Estava tudo perdido! Só Mundico conseguiu rolar por um degrau da ribanceira e ganhar o mato com vida...

Joaquim Macambira não tinha mais lugar para botar seu desespero.

Primeiro, viu Lucas estripado de sabre nos quartos.

Enquanto pôde, se assanhou no sangue, a descompor os soldados, saltando por riba de corpo que engrossava no chão. Por fim, perdeu a faca, não ficou sabendo como.

Na agilidade, volteava o canhão por cima e por baixo, fugindo às balas e às estocadas. Ainda chegou a sentir cheiro de que podia romper aquele cerco.

Esperança borbotou quando ouviu um oficial gritar para a cambada:

— Panha ele vivo! O moleque está desarmado...

Também foi a derradeira coisa que escutou: um golpe abriu-lhe dois lábios vermelhos no lado do pescoço fino. Logo, folha de baioneta entrou-lhe fria, fria entre as costelas.

Com a perna ainda sobre o aro da roda da Canet, a cara tombou no desconsolo, mesmo por cima do aço pelando de sol.

— Matadeira miserave! Matadeira da covardia...

Os dentes resvalaram até o fim do cano, na tentativa inútil de morder o ódio que, para ele, tinha a forma de um canhão vagamente republicano, vagamente inimigo de Deus, do santo Conselheiro, dos homens de sua raça, mas a forma nítida de alguma coisa profunda que era mais forte do que tudo aquilo: a injustiça da força!

224

Quando Abade pôde ter contato com o bando de Norberto é que soube: desde semana passada, Baiano estava sozinho chefiando os dois bandos de cima, já muito desfalcados, inclusive com a morte de Venâncio.

Na repetição do trabalho que Abade fez no Tanquinho, Baiano tinha conseguido matar noventa e um bois de Savaget, mas, voltar, não voltou...

225

Quem veio contar do fim de Boca Torta foi Antônio Fogueteiro.

Abade estava recebendo munição de Beatinho. Disse na certeza:

— Home, estou de juízo feito que tem mais jeito não!

Guarneceu o cinturão de balas, meteu mais dois punhados fartos no bolsão do casaco:

— Ninguém não pode com os impossíveis!

Os impossíveis foi aquele dia mesmo: os jagunços estavam fazendo plano de atacar o acampamento do governo pela banda da direita. O combinado seria logo que o sol quebrasse. Ataque bruto. Definitivo. Para vencer ou perder de vez.

Pedrão já tinha até se distanciado para cima. Levara um horror de munição.

Aconteceu que os governos também tinham seu plano bem traçado. A coisa precisava ter um paradeiro. Já não tinha mais cabimento!

Engrossados ainda mais com os dois reforços que, afinal, chegaram sempre, na antevéspera, estavam era se rindo do povo do Conselheiro, só fechado nas igrejas ou espalhado no mato.

Foi então que Abade viu o porquê de tanto cavalo aparecido de repente: descendo o morro em cambulhada, vinha uma cunha deles, mesmo entre sua gente e o rumo que Pedrão levou.

Cá embaixo, a matula montada se bifurcou na combinação tesa: uns tantos foram na pista de Pedrão, o resto veio feito em riba de Abade.

Varejaram tudo o que foi canto e trincheira, se importando lá com os que caíam de tiro sem chefe. É que tempo não houve de amarrar ninguém no pio...

Abade mesmo se viu sozinho, corre aqui, corre acolá, fugindo de chumbo, de espada, de pata de cavalo doido, rolando ribanceira, levantando mais adiante para correr de novo.

Atirar foi que não parou de atirar: guerreou de sozinho até o último cartucho! Era só pegar uma brechazinha no batifundo, descarregava a arma quase sempre desmontando macaco. Noutra brecha, municiava a Mauser leviana de novo. Matou foi gente!

Boca da noite, se ajeitou de toca num buraco mais à feição.

226

Compadre Pedrão tinha tido mais sorte: terreno melhor, facilitou ordem de reação.

Derrubou mais gente do que perdeu.

Antes das três horas, já estava livre da carga e da surpresa, e, ainda, gastou um tempinho sangrando inimigo ferido encontrado vário.

Depois, na ignorância do que se passava com Abade, preparou-se para receber outras ordens do comandante da rua que, por certo, chegariam com o escuro da noite.

Mas a noite chegou pura, sem ordem nenhuma...

227

Doralice entrou na carreira pela porta da igreja, vergada com duas latas cheias d'água. No santuário já não tinha nem mais uma gota!

Foi esvaziar as latas nos potes e partiu outra vez.

Voltou.

— Menina — perguntou velho Macambira —, e se tu encontrar uma bala?

— Sou melhor que ninguém não, sô Macambira! A vida da gente é que nem a de um pé de pau: um nasce pra ser raiz, trabalhar nos aonde ninguém não vê. Outro é folha. Outro é a fruta madura, que só serve pra ganhar louvor... esses pestas do governo é os espinhos que só faz é ofender o povo sem tombo de serventia...

Já fora da porta, ainda gritou na zombaria:

— Eu me assombro? Espinho faz mal não, veio Macambira: nós aprende a manerar co'eles.

Bala pinchou por riba, mas a bichinha, pulando que nem cabrito, se sumiu do outro lado do largo, por trás dos casinhotos de um beco...

228

Quando Doralice voltou trazendo a água, vinha se rindo:
— Dou um doce ao lerdo que fizer pontaria ne mim! Tão pensando que eu sou macaco parelha deles que morre de besta? Truxe a água e, só de descaração, ainda banhei o rosto!

229

A barra do dia já estava querendo rosar no dobrado da serra do Atanásio e Abade não tinha nem fechado os olhos.

O corpo estava doendo, enrolado dentro do buraco que nem suçuarana azevieira açoitada na sanga. Mas o coração era o que doía mais!

Depois do esbagaçamento de seu bando com aquela nova moda de guerra maluca — miséria de cavalo solto disparado por todos os lados, saltando trincheira no tiro e na chanfrada, vasculhando a caatinga, os sopés dos morros; um mundo de cometa esmagando berros de lata dentro dos ouvidos, só para arreliar — o desamparo começou a roer lá no fundo das entranhas do comandante da rua.

João Abade amoleceu na certeza de que, mais dia, menos dia, a coisa ia ter um paradeiro definitivo. Danado de ruim para a sua gente, mas ia!

Foi no esfrio do sol que a correria dos cavalos em cima dos jagunços e a gritaria das cornetas da peste amainaram um pouco.

Abade rompeu o dia pensando, pensando... mais derrotado do que urubu debaixo de chuva.

De Pedrão, do outro lado da vertente, nem a mais menor notícia! — Que teria acontecido com o povo de Pedrão? Pelo jeito, o esparramo, por lá, devia ter sido parelho...

O pensamento de João Abade machucava dentro da cabeça: correria de sua gente, cavalo danado atrás, não se apagava nos seus olhos. Quando chamou — o pio saiu mais triste do que lamento de arribação viúva — ninguém respondeu. Piou até que a boca da noite engolisse toda a serraria. Ninguém respondeu. Quem diz que homem não chora é porqueira que nunca foi homem! Quando o último pio se perdeu no ar como lágrima de foguete, o chefe viu tudo embaciado e nem não estava serenando.

Depois, só soube de Tico. Ou os seus comandados estavam perdidos muito por longe, pinchados pela mão do despropósito, ou tinham morrido.

Muitos tinham morrido mesmo! Abade viu os corpos caindo tanto que parecia zaragata de circo piroticado.

Será que não tinha escapado ninguenzinha? Que adiantou ter recomeçado a piar a noite inteira, no chamamento do amarro? Resposta? Pois sim! Quem respondia era caburé encadeado pelos lumes festivos do acampamento. Macaco ali num perto de engatinho...

Abade olhou para o companheiro. Tico dormia embalado como novilha nova de má parição no acanhado da búrica.

Foi assim a noite toda, como se o cabra estivesse de volta de baile, encachaçado. Vai ver que o cão não pelejara, só acoitado em qualquer canto... Aquilo não era enfado de guerra, era sono de menino!

O chefe sentiu fome e se lembrou que desde dois dias não passava na goela nem um punhado de farinha... Fez um gesto de conformação dentro do clareado da manhã. Levantou os olhos vermelhos para tomar altura da hora ainda sem saber o que ia fazer. Deu com a vista, porém, em cima da pedreira: um macaco ia se aventurando na segurança da vitória. Espiava o arraial, do outro lado, chegando até a debruçar o corpo para assuntar melhor o movimento da rua.

João Abade esquentou na raiva e se lembrou que sua Mauser curta, tão certeira na puxada, estava ali, sem nenhuma serventia. Quando queimou o último cartucho, ainda no resto de sol da véspera, na esperança de chamar Beatinho para trazer-lhe munição — como se fosse possível no meio de tanto tiro —, nem pensou na cambada do governo invadindo e varrendo tudo até lá embaixo. Loucura de desesperado!

Depois, só fez foi rolar de ribanceira em ribanceira...

— Homem sem arma presta não! Desassombro só, sem acompanhamento de fogo ou de ferro, não tem validade de botar nada pra diante...

A perna encolhida começou a formigar.

Quando o mameluco descobriu aquele álveo no meio da chirinola do dia passado, exíguo até para um menino só, atreito que era nessas coisas, improvisou-o logo em trincheira. No fim de tudo, ainda foi uma grande sorte!

Dali, assistiu o derradeiro cavalo passar na disparada.

Depois, caiu um sossego grosso como no cemitério velho.

Rolou tempo fundo e Tico veio vindo de manso. Parou ali também, mais vário do que passarinho na muda.

O comandante da rua ficou descansando os olhos no sono do cabra. Em seguimento, na imobilidade do corpo, olhou para o soldado: o homem tirou um cigarro devagar do bolso da túnica.

Abade não resistiu vendo aquelas costas largas e pregou o olho na nuca do bicho com uma pena danada de não ter mais nem uma balinha...

Ainda caçou inutilmente, só pelo costume, em volta do cinturão. Impaciente, bateu as mãos uma na outra. Assombrou-se com o barulho e se encolheu.

O homem, lá em cima, não se mexeu. Não se mexia nunca.

Abade olhou em redor. Então, percebeu o pica-pau de Tico. O polvorinho, a capanga cheia...

Havia munição! Pica-pau era para matar rolinha, mas, forçando a carga, quem sabe? Em linha reta, não tinha cento e vinte passos de subida... Se o tiro fosse perdido, que podia acontecer? Fazia mal não! A búrica estava tão bem escondida que, mesmo com o ruído, claro como já estava, pólvora sem fumaça, ninguém havia de localizar partida de bala... E, se localizassem depois, eram mais dois no mergulho da morte e era só!...

Pegou a arma devagarinho, quebrou o cano no joelho, alcançou o polvorinho, puxou a vareta e socou um punhado de pólvora no cofre.

O homem não se mexia.

Abade socou outro tanto e meteu a bala feita por Mané Quadrado com prata de Maçacará no fundo do cano.

Bala justa demais. Melhor para a pontaria!

Abade tornou a medir distância. Bala tão boa merecia mais pólvora!

Tirou a bala no dente e sacou mais outro punhado, comprimindo no máximo. Mais pólvora, mais socamento.

Quando abarrotou o cofre de transbordar por fora, ajustou a bala de novo, fazendo força com o polegar.

Fechou o pica-pau com um estalo seco e dormiu na pontaria como se estivesse com pena de atirar.

Só então se lembrou do breve! Sem abaixar a arma, procurou o nastro de pano sebento de suor em volta do pescoço, beijou com devoção o lugar onde, antes, havia a figura do Bom Jesus mostrando com o dedo o caminho do coração, só onde havia paz para os aflitos, e voltou a dormir na mira.

O homem, em cima, não se moveu. Abade tacou fogo!

A explosão foi de arrelia. Tico acordou de repiquete e viu foi a desgraceira.

230

Lá na rua, Maria Olho de Prata sonhou a noite todinha com Pedrão.

Era um sonho tão descarado que a mulata, quando se levantou, mais moída do que negro ladrão debaixo de peia, só disse:

— Ave Maria!

231

Carga demais, bala acochada na justeza do cano de ferro cosido só na solda, o tiro de Abade saiu de banda, levando a culatra de arrasto.

Depois do estouro, Tico viu o olho do chefe descendo e subindo, ainda preso no oco do buraco por uns cordõezinhos esgarçados.

O resto da cara era uma bola preta, chamuscada, toda pingada de sangue...

232

Lá em cima, o soldado se voltou, espiou demoradamente por toda a baixada, tomou o caminho do acampamento e se sumiu por baixo da lona verde.

233

Pedrão percebeu a aflição no pio de Tico.
Respondeu de longe.
Tico insistiu mais perto.
Pedrão rebateu com dois curtinhos.
Tico encostou. Contou a desgraça de soluço.

Os dois correram sem pensar mais em bala.

Quando chegaram na direitura da trincheira, deitaram-se do lado de fora da borda.

Pedrão suspendeu a cabeça de Abade sustentando-a pela nuca.

O chefe estava variando na besteira:

— Ocês diz pro véio Conseieiro de ocês que esse que tá aqui nunca creditou no Bom Jesus lá dele... Diz que é pra comê ele cum sabão de cinza... Inté esse derradeiro dia, só o que governou a cabeça de João Abade, o cabra mais destemido que pisou em Canudo, foi o cacheado dos cabelo de Antonha! Antonha... eu te quis um bem maió desse mundo...

Não falou mais nada.

Pedrão meteu o quadrado da cara dentro da desgraça do companheiro e ficou pensando um bando de tempo ninguém ficou sabendo o quê.

Então enxugou a boca com os lábios, desceu a mão na barriga do ferido, tomou referência na fivela do cinturão, foi resvalando os dedos pela sanfona de couro vazia onde Abade guardava os cartuchos até topar com o punhal atravessado por trás dos quartos.

Sacou o ferro devagar, sempre sustentando a nuca do comandante com a mão esquerda.

— Abade, tem nada não! — Pedrão enxugou outra vez a boca com os lábios. — Bota teu pensamento em Antonha, Abade! No cacheado dos cabelos de Antonha... Abade... no teu bem maior desse mundo...

Com a rapidez de bote de cobra, afundou a lâmina enviezada no meio daquele peito largo.

O gigante enrijeceu as carnes no solavanco da pregada. O mulato calcou mais fundo com toda a força de seus músculos.

Pedrão levantou-se, deu o punhal a Tico e desceu a lombada em pé, sem pressa, de costas para a soldadesca que saía como enxame assanhado do acampamento, como se estivesse em tempo de paz...

234

Contrariando ordem de Mané Quadrado, de ninguém sair das igrejas, logo que bala amainava uma coisinha, Maria Olho de Prata dava uma chegada de suspiro no beco.

Apesar de tudo, sentia-se mais amparada em sua casa quase desmoronada.

Entrava, varria tudo, mexia nos trens, acendia fogo.

No asseio é que não se descuidava; mesmo com a carência de água, sempre tinha junta alguma no pote grande.

Expondo até a vida, apanhava uma ou duas latas na cacimba de fora.

O pote é que já estava partido um palmo da boca. Era um sacrifício para apanhar a água, mas Maria gostava de se banhar.

Gostava de se pentear, de se corar com papel vermelho, de passar água de cheiro nos pés de unhas aparadas, no sovaco, no corpo inteiro.

De luxo, botava pó no pente.

Fazia seu chá de pajeú (que café era de hoje que tinha sumido...) para tomar aos golinhos, estirada na rede, não raro vendo passar ao alcance da voz a cabeça encarnada de um macaco na ronda.

Depois, ficava sem fazer nada. Largava o pensamento no que não prestava como se estivesse no bem bom.

Danava-se porque, no espantado da confusão, ninguém de homem pensava em carinho. Abade não saía de dentro do mato. Na igreja, só restava velho murcho, cabra estropiado ou o nojento do Taramela... Deus a perdoasse!

Por consideração alguma, Olho de Prata concordava com aquela história de ninguém pensar mais em vadiação! Afinal, se revoltava, vadiação é coisa à parte da guerra! Não se comia, não se bebia, parque não havia o quê. Estava certo! Mas carinho, não! Carinho era de separado. Perto de morrer até que dava adjutório para as vontades, uai! Que raça de macho tinha em Canudos que se encolhia só na hora dos gostos? Medo não era. Tudo era brigador seguro.

Maria Olho de Prata se inquietou na rede.

Não! Essa moda de ficar arredada de homem era para as meninas do santuário... Assim mesmo elas tinham consolo nas imundícies do sacristão.

— Um dia eu garro mão dum macaco desse... Tá bão!

235

O santo, que já não tinha mais por onde piorar, teve um alentozinho.

Há dias que nem não falava mais. Pois bem! Chamou Picurrucha, a menina que na ocasião estava de quarto, abriu o olho no fundo da testa e pediu um de-comer.

Bala assobiava baixinho que era um horror.

Naquele dia, desde as cinco horas da manhã, não se escutava outra coisa.

Quem veio correndo foi Mané Quadrado. Mesmo assim, já encontrou Macambira de conversa com Antônio Conselheiro.

O doente foi logo reclamando um banho e uma aparação na barba. Depois, falou em guerra. Quis saber por grande e por miúdo o que ia em volta, o que se passava dentro da rua, onde estava Abade...

Não chegou a ouvir foi nada, porque emborcou na sonolência de novo, estafado da força que fez para falar e comer.

— Tu é o culpado! — Macambira acusou Mané Quadrado. — Tu fica esforçando o velho...

— Ora, sabe o que mais? Deixe de ser ranheta!

Daí, partiram feito para uma discussão de velho tornado em menino, que só teve fim quando uma bala do Canet balançou rijo as paredes do santuário novo.

A igreja velha estava sozinha. Lá, só Nelso ainda se demorava na catação de aprovisionamento de fogo e de boca. Também, já não tinha mais muito o que catar... A ala esquerda, mais à feição de tiro, estava praticamente derrotada, paredes no chão, os de dentro à mostra.

As únicas torres que havia em Canudos, agora, eram as da igreja nova: uma com o sino de Mané Quadrado, outra ainda não acabada, oca no pombalzinho. Pelo jeito, eram elas que estavam sendo visadas no chumbo do governo.

Taramela não perdoava as ave-marias, e os legalistas percebiam que o sininho arreliado é que dava sustância de alvoroço àquele povo mais fácil de morrer do que de se entregar.

Quando o Conselheiro se subverteu de novo, Picurrucha danou-se na choradeira. Taramela chegou e cobriu a pobre de beliscões.

— Cala essa boca, vaca do Cão!

Como a menina continuasse a chorar mais, agora, pela dor do castigo, o sacristão arrumou-lhe uma tabocada no meio dos peitos; depois, um coice na barriga, arreganhando os dentes amarelos.

236

— Comadre, eu tenho a lhe dizer que João Abade não é mais deste mundo!

Quem falou assim foi Pedrão.

Maria Olho de Prata estava encostada no portal, o pé descalço apoiado de sola no joelho da outra perna.

Já tinha visto o compadre vir vindo de longe.

Ouviu a notícia como coisa que não era com ela.

Pedrão estava embaraçado. Coçou a cabeça por trás da orelha, de baixo para cima.

Na esquina do canto, dois militares se entretinham lendo jornais. Por certo, traziam alguma notícia da campanha.

Um pouco mais longe, um furriel olhava a rua de dentro do casebre onde morou Judia do Valentim, agora invadido pelas tropas do governo.

Nunca que o mulato andou tão misturado com os macacos, nem eles podiam saber que Pedrão estava ali tão de oferecimento.

Maria perguntou:

— E era pra ser, uai?

Ficaram calados um tempinho. A mulata deu passagem ao cariboca.

Pedrão sentou-se no tamborete baixinho e deixou passar um mundão de hora, só abrindo e fechando o vão das coxas.

A mulata, cansada da posição, botou o pé na chinela.
— Penou?
Pedrão sacudiu o ombro como se quisesse dizer: "Que importa agora?"
A comadre ficou esperando resposta. Quis saber. Insistiu:
— Padeceu?
Por fim, obstinada em obter resposta, exclamou:
— Uai, sô cumpadre: estou lhe perguntando se Abade demorou no rojão da morte!
Pedrão ainda se demorou juntando e separando as pernas com muito cuidado.
Então, falou:
— Estou é enfarado de tudo isso...
Olho de Prata fez que sim com a cabeça.
— A mode que já ando até assombrado... Melhor morrer logo também...
— É bão!
— Tudo... morrer tudo!
— Tudo! — concordaram.
A mulher foi lá dentro e trouxe uma caneca cheia de cana. Em silêncio, sem oferecimento, deu-a a Pedrão.
Só se ouviu foi o grugulejo.
A mulata olhava para Pedrão com a ideia em Abade. Gostava do comandante da rua. Falou por falar:
— Então... mataram Abade!
— Foi! — Pedrão enxugou a boca com os lábios, como fez na hora de sangrar o companheiro: — Fui eu!
Maria olhou sem espanto.
Rolou tempo para Pedrão prosseguir — conversa pesada carece de arejo entre as palavras, entre as ideias, entre os silêncios. Não se deve embalar tudo num mesmo lote.
— É... queimou bala num pica-pau destramelado. A arma torou no cano... Capaz que a carga fosse da muita! — a fala

vinha de mansinho. — Quando menino, Tico foi chamar, topei com ele cego da miséria. Prestava mais não! Cabra macho não serve pra cego de feira...

Os dois ficaram calados outra vez. Pedrão estendeu a caneca:

— Me dá mais!

Ela virou-se sem apanhar nada e foi para dentro. Voltou com a garrafa:

— Cumpadre... quando se topa com um bem na vida...

237

— Dá licença!

O militar aquiesceu.

— Pronto, tenente! Duzentos e oitenta e nove quilos entre tudo... uns pelos outros.

Lá em cima da pedreira, o praça mostrou ao superior vinte e cinco pacotes.

— Agora a coisa se acaba de vez!

— E já não é sem tempo — opinou o alferes José da Silva, que estava perto.

— Quando é que a gente vai jogar? — o praça quis saber.

— Só esperar a chegada do comandante... Vai chamar ele.

O praça se meteu pela barraca do comandante.

— Praça 132 do 4º! Dá licença! Major, tenho a lhe dizer, de ordem do tenente Assunção, que a dinamite está pronta!

O major mandou guardar tudo até dia mais à feição.

238

— Cumpadre, quando se topa com um bem na vida, a gente garra da caçar umbigo nas costas. O bem some para não voltar mais, que bem sumido não se alembra do caminho... — Olho de Prata começou a falar com os olhos molhados. — Então é que o desinfeliz dá fé do perdido. Como já não tem mais o bem, faz de qualquer jurubebinha amarga que ache um favo de mel e lambe os beiços... Vocês tudo é assim sem tirar nem botar! Cumpadre, quer que eu lhe diga? Engraçado... Em criança, a gente sai, caminho da vida, desembestada num magote de conhecido, de parente... Cada qual caminhando com seu povo. Pouco pouco, eles vai se apartando e a gente vai se misturando com outros ninguém. Quando espanta, só gente nova rodeando a gente! Dos de primeira, não tem mais nenhum! — Os olhos da mulata voltaram a ficar enxutos. Ajeitou os peitos dentro do califão. — Dá um medo! Então é que a gente se dana na saudade... Me diga, cumpadre, não é mais melhor a gente ser dos que se apertam lá longe?

— Tudo uma coisa só...

— Eu, mais Das Dô, tivemo uma zirimã que sofria de estrebucho. Um dia a coitada ficou tão fora dela que mãe deu carreira de quaje légua atrás dum rezador. A bichinha se salvou, que não era hora chegada, mas ficou sofrendo de borbulha até moça feita. Apois: indo apanhar jurema, levou uma chifrada de vaca parida. A menina estava de chico nesse dia. Teve uma tal de suspensão que não lhe deu tempo nem de dizer o que queria... Adiantou de nada a carreira da mãe?

Pedrão, garrafa vazia, estava fora daquela conversa grossa. Dormia variado.

Olho de Prata abriu bem a rede, deu-lhe um baque no corpo rijo, apanhou-lhe as pernas, que ficaram balançando, meteu-as para dentro das varandas também, assentou-se no tamborete baixinho e ficou pensando que a cara de Pedrão não era bem como ela imaginava.

— A vida é só dois ou três desejos: um de coração, outro de safadeza... Acaba, nem um deles vira verdade. Quando se dá conta que o tempo passou, as ladeiras que a gente subia na vadiação já não pode subir mais... nem a perna ajuda, nem a suspiração... Fica velha... morre por aí em qualquer canto que nem Judia do Valentim...

Pegou a garrafa vazia e foi levando para a cozinha.

— Que é muita da besteira, é!

239

Depois do desastre de Estêvão e de Venâncio, João Mota, irmão de Francisquinho, ficou só, encravado com seu pingo de gente, entre Tapera Grande e o rio.

Sem bala, sem de-comer, sem jeito de avançar ou de recuar, não podia nem se comunicar com Pedrão.

Soube da morte de Abade por uns jagunços soltos que tinham pertencido ao bando de Boca Torta.

Na marombação, varou sempre até o caminho de Monte Santo, justo entre dois batalhões. Teve foi de se entregar em bruto, na esmulambação mais triste do mundo! Pior: foi tudo degolado atrás do rancho!

Por desconsolo, o negro feio ainda ouviu quando um governo safado propôs banhá-los em gás, chegar fogo e largar tudo solto no meio do mato para amostração de força.
— Vá ser covarde na cuia da mãe, sô!

240

— Maristela!
Assim mesmo, das meninas da cuida do santo, Maristela era a mais tesa. Não tinha hora do dia ou da noite para esmorecer.
Jagunço ferido já era até imundice!
O despotismo da carência de um tudo (água mancando que era um horror) dentro do santuário, a vida se encostava na vida.
A bichinha, olho lá no fundo, fadejava sem parada.
Aquele dia, até que estava benigno! Bala pouca descia da pedra de onde Canudos, agora, era visto como uma coisa morta.
A dinamite ainda estava guardada por ordem do major.
A rua, as casas que ainda restavam, a cor vermelho-parda do solo se misturavam numa toada só pelo deserto por inteiro. Só as duas igrejas se destacavam na tristeza do quadro.
Se ainda tinha casa em pé é que as paredes, tênue camada de barro endurecido sobre entrelaçados de icó, não ofereciam resistência nem às balas de canhão. Varadas em ruma pelos projéteis, não permitiam aos binóculos da legalidade perceberem, pelos buraquinhos abertos, sequer o sangue que, às vezes, se derramava dentro delas...

O sol inundava tudo para acentuar ainda mais o mistério da estagnação das horas...

— Maristela!

Quem estava chamando era Olho de Prata.

— Oi!

— Tu me arruma, por caridade, uma lata de rapé?

— Como é que pode, Maria?

— Sei não, uai! Eu só lhe peço por caridade.

— Antão tu não sabe que, desde já hoje, rapé, em Canudo, é alcanfor?

Maria Olho de Prata deu-lhe um sabonete e dois frascos de água de cheiro.

— Tu não tome por paga, menina... Mas só lhe peço que me arrume o rapé!

— Ainda que mal lhe pergunte, Maria, mode que tu quer rapé uma hora dessa?

— Uai! Dá-se que eu não posso tumá uma pitada de desejo?

Era desejo nenhum, que a mulata desmanchava estrupício de barriga fácil com meia garrafada de folha. Queria o rapé porque Justino da Quitéria, quando desceu da guerra com aquele cordapso a revolutear a tripa grossa, enrilhado de dar pena, lhe trouxe notícia de Pedrão: só o que maltratava o chefe era a carência de rapé. Folha para cigarro ainda rolava alguma, mas rapé, nem para remédio.

Maristela caçou um tempinho e lá estava pisando uma roda de fumo.

Em pressecução, foi metendo os apreparos: a fava de umburana, os talinhos secos de cassuquinga...

Na boca da tardezinha, entregou a Maria a encomenda:

— Tu vê se assussega agora. Rapé taí, mas não me peça doutro...

— Eu le fico é muito agradecida, corninha.

Dali mesmo tomou atalho para o rio, não fazendo conta de tiro avulso. Ganhou a gândara e prosseguiu agachadinha por trás das moitas, com jeito de jaguatirica no rastreado de preá.

Uma bala, de junto, sacudiu areia fininha nas pernas da mulata.

— Virge! Tá é ruim! — Segurou os peitos e deu uma carreira.

Pouco mais pra lá, topou com Mário Bom numa toca e só fez lhe pedir que piasse para Pedrão dar rumo.

Mário piou. Encolheu o pescoço para escutar. Escutou o que queria e, apontando o machete que fora de um cabra de Moreira César, disse:

— Nessa direitura!

De massaroca em massaroca, Maria assuntava: um, chamando de arribação; outro, respondendo de suflê, para não variar.

Logo que a mulher sentiu Pedrão dentro dos ouvidos, lascou na corrida e se afundou na cova por cima do compadre.

Tomou suspiração, entregou-lhe a rapé e juntou toda coragem:

— Eu lhe quero é muito bem, cumpadre...

Ia pular fora e fugir, mais de medo do quindim do que do arreceio de chumbo. Ideia era só parar dentro do santuário, se não caísse na bala.

Mas Pedrão patolou-lhe o braço numa acochação de prensa de farinha...

241

Cornetas mandaram soldados tomarem distâncias.

Cargas de dinamite foram estouradas lá embaixo, uma depois da outra.

Do mato, se ouvia tudo.

O efeito não foi tão grande como a zoada; no aberto dinamite pouco adianta! Uma ou outra carga sempre fez seu estrago.

Quando terminou a última, Taramela adiantou-se nas ave-marias!

— Agora é comigo, corja da República!

E o sino virava!

— Tenho medo não, canalhada da peste!

O sino virando.

— Agora, me aborreci... Tô é aqui mesmo! Atire em riba de eu, pestalhada! Atira mesmo! — e o sino se danava...

Taramela tinha virado a peste da cachorra! Um vento de virilidade sacudia aquele corpo balofo, sungado pela corda nova do sino, descendo de popa para subir de novo na dureza da coragem.

O bimbalhado irritou os soldados.

Mané Quadrado, do adro, namorava o seu sino dançando maneiro, maneirinho...

— Bicho bão! — Queria um bem enorme àquele sino. Nunca tivera mulher da casa adentro; nunca tivera rabicho de fêmea, nem mesmo se falando de Olho de Prata, que lhe servira algumas vezes, nas horas de maior precisão, lá nas favelas...

Mané Quadrado nunca tivera filho miúdo aperreando a noite toda com dor de ouvido, mas o sino era como se fosse a mulher, o chamego, o filho, tudo...

Também passara noites inteiras acordado, labutando com ele, fazendo cálculo e esforço para metê-lo lá em cima, no pombalzinho da torre.

Madrugada fria, monco escorrendo, um ganguê no corpo, lá ia Mané Quadrado suspender andaime, mexer em cordas.

Olhou os dois dedos sem cabeça da mão direita: traquinada! Traquinada do sino!

O velho se sorriu como que lembrando travessuras doidas de filho sumido.

Bem estava olhando para o sininho querido quando uma bala de canhão, de pontaria feita, açoitou o bicho, ajudando Taramela naquela badalada monstra.

— Sininho danado! Ralou de volta inteira, estralejou todo nos presos, ralou outra vez, mas não caiu!

O sacristão deixou passar a suspensão do espanto.

— Toca! Toca, velho! Toca, filhinho...

Mané Quadrado berrou desesperado:

— Taramela, meu filho... Sacude ele!

Só que o som, no seguimento, já não saía de reboado.

Era no dia 24 de agosto.

Quadrado se lembrou de São Bartolomeu. O apóstolo invocado foi mofino... o santo foi outra bala caprichada.

Mané Quadrado enfiou a cara nas mãos quando viu a torre vazia que nem boca de surubim...

242

O sino veio bimbalhando em cambalhotas até o adro.

Parecia cavilação doida de chamado para festa de alma penada.

Quando bateu no chão, o estrondo levantou até nas alturas a poeirama esturricada da magrém que andava comendo de patesca, pior do que em 1877.

Na pedreira, eco dos toques soltos teimava em não se calar, apostando, no reboado, com o baque surdo do fim.

Então, o novelo de pó se acabou no ar e os olhos de Mané Quadrado principiaram se alagando de lágrimas.

Foi ele que botou o sino lá em cima.

Aqueles dois tocos de dedo torados na raiz das unhas, a cicatriz em crista rostra, eram a lembrança da última caída do bicho teimoso, antes de afinal ir parar lá na torre. André, quebrado com a hérnia do saco, é que ainda teve de fazer uma bruta força levantando o peso da aba para soltar a mão esbagaçada. E tudo para quê? Para ser derrubado por bala de republicano sujo? Isso é que não! Era muita da afronta!

Mané Quadrado, segurando sua fraqueza na pedra do santuário novo, desandou a chorar que nem viúva em noite de quarto. Tudo menos aquilo!

— Meu sino! Meu sininho, Senhor do Bom Jesus! Mode que, meu Senhor, aconteceu essa perversidade com meu sininho? Meu Senhor do Bom Jesus! Eu até nem quero mais milagre contra a peste mais desesperada que apareceu na Terra... Deixa pra lá os republicanos marvados, mas não judia com meu sininho... Meu Senhor! Meu Senhor do Bom Jesus... Vai para o inferno, meu Senhor... Vai para os quintos dos infernos, peste do desconsolo! Leva essa tranca da miséria para badalar nas suas desgraças, cão da miséria largada! Senhor do Bom Jesus... Meu Senhor... agora...

Mané Quadrado fugiu pinoteando nos soluços para a alcova onde o Conselheiro agonizava. Era como se o sino estivesse dentro dele, rebolando nos gonzos.

Num canto da camarinha, havia mais de vinte garrafas cheias de suco de planta.

O velho apanhou uma arrolhada de sabugo de milho já queimado pelo tempo.

Deu com o gargalo na quina da mesa grande, preta, sem nada por cima, onde os chefes de labuta de sangue se assentavam para as reuniões. Ao redor, um líquido esverdeado respingou por entre os cacos estilhaçados.

— Meu Senhor... Senhor do Bom Jesus, desgraçado da desgraça...

Embarcou o conteúdo com tanto açodamento que afundou um talho no canto da boca. O sangue escorreu melando tudo...

Quadrado cambaleou logo. Já querendo vidrar os olhos estafados de água, gritou encostando a cama no pé do ouvido do moribundo.

— Tu pode com bala? Pode? Me diga, pode? Vá fazê teus milagres nas profundas!... — e caiu tremendo a perna como cachorro matado de bola.

243

Ninguém se espantou demais. Quadrado tinha ensandecido. Matou-se e foi só.

O corpo ficou ali mesmo, ao pé da rede do santo, um bando de tempo.

Bala comia duro e já tinha tanto caboclo morto dentro e fora do templo que mais um, menos um...

Antônio Conselheiro parecia de cera. Só a bola do olho ainda rolava no fundão da cara parada.

Velho Macambira é que olhou fixo para o companheiro. Depois, para o santo, um molambo mole como coró de mulungu.

Estava imaginando coisa.

Variou a vista por aquela cambulhada de feridos se misturando com uma porção de velhos e velhas, enchendo o santuário, a gemer pelos cantos suas desgraças.

Já não tinha mais cabimento.

Macambira estava imaginando coisa.

Criança mole mesmo não havia mais. Era de hoje que viraram anjinhos! Sem rancho, morria tudo à míngua, de barriga pura.

Cheiro de morte andava no ar.

Macambira continuava imaginando coisa.

A água é que era o pior: para se conseguir um tiquinho dela era preciso atravessar o rio correndo até as cacimbinhas quase secas, sem esmorecer no canto do chumbo. Era preciso pular por cima dos mortos, muitos deles com a cara enfiada nas águas, que bala encontrava jagunço, às vezes, já debruçada na borda enxuta.

Só na noite passada dezessete morreram assim...

Macambira não conversou: meteu o camisolão de pano branco de Picurrucha no topo de uma vara e saiu para o claro. Tomou a vertente da esquerda e começou a subir para o acampamento do governo no bem devagar, pelo caminho mais descoberto. Dava uns passinhos e parava acenando a bandeira improvisada.

Fogo amainou logo. Mesmo o troço de Pedrão manerou no tiro e parou de todo também quando os jagunços viram a figura do velho subindo com aquele jeito engraçado de paz.

Foi aí que Pedrão, suspendendo conversa, dentro da cova, segurou o braço de Olho de Prata.

Soldados, dos que já estavam de posse das casas de baixo, foram seguindo o velho na distância até lá em riba.

244

— Senhor comandante: eu sou Macambira, o cidadão mais idoso do arraial. Aqui venho em missão de paz, em nome de Antônio Conselheiro e com a bênção do Senhor do Bom Jesus.

Fizeram roda em volta do velho.

Em poucas palavras, muito medidas, ele contou que não havia mais resistência que prestasse, que os valorosos soldados tinham vencido tudo, que os chefes da rua estavam no céu, que o Conselheiro não rompia outra semana. Contou que não tinha mais bala, nem comida, nem bebida. Pediu uma trégua até à boca da noite e, debaixo de sua jura e palavra, afiançou que, se assim a força fosse servida, havia de trazer, de prisioneiros, os quatrocentos viventes que ainda estavam no santuário derruído.

Quanto aos espalhados pelos matos, nem cem por junto, por esses ele não podia dar responsabilidade. Não havia mais contato, embora fossem uma besteirinha que se havia de entregar, também, na batida dos impossíveis, tão logo tomassem ciência da queda de Canudos.

Tomou uma caneca de café e desceu na altivez do orgulho, estralejando a camisola de Picurrucha em riba do bambu comprido.

Na baixa das Lavadeiras, ficou sozinho dos macacos que o acompanhavam e, sozinho, tornou de volta ao santuário.

245

Olho de Prata ia pular fora para fugir mais de medo do quindim do que de arreceio de chumbo quando sentiu Pedrão patolar seu braço e perguntar cheio de assombro:

— Que foi isso, menina?
— Sei não! Foi é tiro muito, não foi?

Enquanto as cargas pesadas de dinamite explodiam, os dois permaneceram agarrados no fundo do buraco.

— Tiro diferente... — o chefe estranhou a zoada. — Acho que, desta vez, a igreja se subverteu!

Maria reparou na mão que ainda a sustinha. Olhou o compadre.

Estava tão confusa que nem percebeu que o braço, afundado na força dos dedos de Pedrão, doía do arrocho.

Ficaram calados.

Quando o sino começou a tocar, sorriram, e só se sobressaltaram quando ecoou aquela batida medonha.

— Vai agora não! — recomendou o mulato, adivinhando que Maria estava querendo correr.

Ela não disse nada.

Hora depois, o homem resolveu:

— Melhor eu levar você...

Foi quando apareceu lá perto do rio a figura exótica de Macambira com a bandeira improvisada.

— Que foi que deu no velho, Maria?
— Só se Macambira está de plano arrojado ou ficou varrido...
— E tu não sabe? Tu não veio lá de baixo?
— Jura, cumpadre... Uai! Pois se soubesse, não lhe diria?

Pedrão coçou a barba na incompreensão. Maria apreciou-o à sua vontade. Olhou bem alto para a cara dele:

— Nunca que eu havera de pensar...

Não pensava mesmo naquela possibilidade de, um dia, estarem os dois um quase por cima do outro, dentro de um buraco de chão.

Correu tempo, Pedrão voltou a lhe agarrar no braço. Importava não! O que não entendia agora, ainda que não fizesse muito por onde, era por que não estava encabulada perto do compadre, sentindo agonia no coração e secura na boca. Nem um tiquinho! Só por milagre! Até fez imaginação de que andavam de bolo na ternura das favelas...

Veio-lhe foi uma coragem do Cão!

Sacudiu o olhar pra lá e pra cá: depois, na afoiteza, furou com ele a mão do cariboca. Levou o braço ainda agarrado no seguimento e, quando espantou, estava mais era segurando forte aquela mão. De atrevida, experimentou dar uma gargalhada.

— Graça de quê, comadre?

Maria aguentou firme na posição que nem jagunço na espera. Não largou a mão. Acabou-se a gargalhada e ela começou a vacilar. Pedrão estava sério depois da pergunta. Maria já estava foge, não foge quando o cabra riu também. "Bambeei o cumpadre!", pensou a mulata emendando outra gargalhada daquelas de mostrar a campainha da garganta. "Logo hoje que nem não me preparei... Diabo leve! Faz mal não: tombei o bicho!"

Sustentou olho duro dentro do olho duro. Então, sentiu Pedrão acariciar-lhe o queixo.

— Brigado, negra. Brigadinho pelo rapé!

Ela esbarrou de conversa frouxa. Se havia de vencer, era vencer de um tudo! Pedacinho só não adiantava nada! Nunca quis saber de pedaço solto. Parou. Tomou suspiração funda de doer na caixa dos peitos. Olhou mais fundo ainda dentro do compadre. Franziu a testa e disse firme:

— Cumpadre, vamo largar de tudo isso? — Esperou decidida na assentada. — Tem nada mais que botar pra frente? Que importa lá a República? A força legal? Que importa governo ou Conselheiro?

O outro só ficou espiando. Ela prosseguiu:

— Conselheiro é santo coisa nenhuma. Tá é se acabando na agonia das urinas. Tu já viu santo se acabar de urina presa como qualquer pecador? Maluco é que ele é, e mais maluco ainda é tu, mais todos vocês que só fizeram banhar mato de sangue por coisa nenhuma! Me diga: Julinho? Joãozinho? Arimateia? Tudo... tudo... — a voz começou a sair-lhe num desconchavo por cima do azonzado do compadre. Fuzilou no arranjo do plano: — Me diga: Julinho carecia morrer tão menino? Morrer a troco de quê? Será que não lhe dói Arimateia? Adiantou de quê? Larga de mão essa besteira toda, cumpadre! Larga, que eu estou lhe pedindo... Veja a estradinha de Uauá... Olha daqui! Tem ninguém tomando conta? Tem? Vamo s'imbora dessa desgraceira... Tu quer findar com o olho balançando do lado de fora que nem Abade? Tu quer mais nunca ver a prata dos meus olhos que tem ainda o coração de donzela pra você? Desde menina virge que ele é só do cumpadre! Pode crer que eu estou lhe falando na beira da vida ou no fundão da morte. Pra mim, é a mesma coisa! Tu quer ver a morte afundar de definitivo dentro da prata que o povo todo só faz louvar desses meus olhos? Tu quer ver a morte afundar dentro deles como afundou dentro de Joãozinho, de Julinho? Afundar dando nada de troco? Que barganha fez Arimateia? Não lhe dói Arimateia? Tu sabe que ninguém vai ter nada em troco e que o céu só paga mesmo a quem faz seu céu no rolamento da vida... Vamos daqui para Uauá, Pedrão... Depois, para mais longe... Para a Bahia... Vamos embora eu mais você! Larga pra lá o resto...

Pedrão se levantou:

— Vá... cala essa boca, siá da peste! Vamos proveitar a trégua de Macambira pra ir é no santuário. Quero saber o que está se passando... — Como Maria não se movesse, acrescentou: — Tu está com medo e tem sua razão. Eu é que não posso deixar meu lugar. Pouco mais se acaba tudo de vez! Ninguém mais precisa falar nisso...

Olho de Prata não se intimidava nem havia de recuar mais! Tinha tomado sua deliberação e, agora, era ir até o finzinho:

— Pedrão não pode deixar seu lugar por quê? — Achou engraçado chamar o compadre pelo nome. Repetiu: — Pedrão... — Era para vencer de um tudo, não era?

Pedrão não achou resposta.

— Porque... ora, porque eu sou chefe...

— Chefe de quem? Chefe de quê? Macho teso não é só não se assombrar da morte, seu Pedrão! Macho teso, de entreperna de verdade, é macho que pensa também como criatura vivente! Não faz só o que fica determinado que tem de fazer...

O mulato estava aborrecido:

— Vamos pra o santuário. Acabou-se!

— Vamos, sim! Vamos descer junto. Na boca da estrada de Uauá, eu quebro e não é ninguém que vai me embaraçar. Se tu quiser, tu quebra mais eu. Enquanto eu tiver vida e saúde, tu tem fêmea boa de mão e boa de quartos... Se tu não quiser, que se dane com teu Conselheiro, tuas balas, teu posto de chefe que não pode arredar pé de onde tem de morrer... Tudo isso, Pedrão, é uma desgraceira sem cabimento. Tu jogou no mato tua mulher e teus filhos, tudo morto de bala, porque tu é um mijão e tem medo de muito mais coisas do que eu tenho. Tu só sabe estufar esse peito, mas tu não sabe pensar com essa cabeça!

A mulata saltou de lado como bicho assustado:

— Se tu quiser, pode me sacudir uma bala. M'importo não! Sacuda pelas costas que é pra ser mais à feição de tua valentia. Tu é um mijão!

Na malícia, foi caminhando na frente, sem olhar para trás. Caprichava era no requebrado do passo porque sabia que o compadre era tão desabusado com inimigo como inteiro com mulher.

Não olhou para trás nem uma vezinha!

Na encruzilhada, o coração descadenciou como de antigamente, mas Maria segurou ele. Maneirou na pisada, deu um balanço no corpo e se enfiou pela estrada, resoluta, obstinada, de ouvido preso no rilho da sandália de Pedrão calcando areia solta...

Quando o homem chegou na boca da estrada, ela quase parou, mas, no castigo, não olhou para trás.

Quem parou foi Pedrão.

A mulata ficou mais fria do que mangaba serenada.

Pedrão parou um instantinho. Logo, a alpercata prosseguiu rangendo na areia do chão...

246

Boquinha da noite, sereno de lusco, a bandeira branca do camisolão de Picurrucha abriu caminho de procissão. Uma serpente de povo veio surgindo da porta grande do templo, na coleação vagarosa.

Lá em cima, a força, presa nos óculos de alcance, atribuía a fraca cadência da marcha ao cansaço, à miséria, ao depauperamento coletivo.

Era a derrota total!

A cobra de gente foi se arrastando: quatrocentos inválidos, velhos, doentes e mulheres seguiam Macambira ao compasso lúgubre dos *Kyries*.

Eram os quatrocentos viventes do santuário prometidos de prisioneiros à vingança do governo.

No meio deles, Doralice mostrava os dentinhos brancos pelo buraco da bochecha que uma bala arruinou.

Foi o último plano do velho! Quando Macambira começou a andar, pensou que todas as crianças envelhecessem, ossos emperrando, e que ele foi criança um dia, no sertão do Seridó, quando a gente ainda deixa a morte pra lá e só pensa em reinação...

Agora ele ia morrer, mas, no sertão de Seridó, outras crianças continuavam reinando e, embora fossem envelhecer um dia, ossos emperrando, deixavam a morte pra lá.

Com o plano, Macambira prestigiava sua jura e aliviava o rancho e o peso dos que ainda podiam combater. De mais a mais, abarrotava os legalistas de contrapeso morto. Gente que carecia de comida...

A cobra desceu pela ladeira de baixo. Logo que começou o penoso da ascensão, ainda antes de os macacos perceberem o logro em que tinham caído, uma rajada comprida partiu do templo: Taramela, no estabanado da conversa, não esperou mais nada e deu aquela ordem de fogo.

Foi o tiroteio que sacudiu o sangue de Pedrão na fervura da vontade de brigar, e foi aí que Olho de Prata escutou as alpercatas do compadre recomeçarem a ranger na areia fina do chão.

247

"Santo coisa nenhuma! Julinho... Mataram Julinho pra quê? A troco de quê? O santo estava era na agonia das urinas, como qualquer vivente...", a ideia do mulato rodava como cabaço largado na corrente do rio. "Arimateia... Tinha de ser... Era assim mesmo... Tinha de ser nada! Chefe não pode arredar pé de seu lugar... Por quê? Tem de fazer só o que fica determinado... Tem ou não tem?" Pedrão pensou em Arimateia. "Arimateia... Não lhe dói Arimateia?" Doía, sim! Doía muito... já não podia mais de tanto doer! "Adiantou de quê? Só fizeram foi banhar o mato de sangue... Se tu não quiser, que se dane com seus companheiros, suas balas... Desde menina... Tu quer mais nunca ver a prata de meus olhos?..."

248

Maria não olhou para trás.

Quando os passos recomeçaram, teve de se segurar nela mesma para não cair.

O ruído foi aumentando. Agora estava rangendo tão alto que abafava as pancadas doidas do coração.

Maria esmoreceu de todo quando o peso do braço do companheiro atravessou-lhe nas costas. Por dentro, os miúdos estavam tremendo como se fosse tudo uma coisa só.

Encostou-se no companheiro, segurando as lágrimas numa força descomunal.

Caiu nenhuma!

249

No momento em que, já longe dos dois, os soldados degolavam o velho Macambira gozando a safadeza, Maria Olho de Prata se aprumou de rijo. Deu uma gargalhada de triscar o sussurro da mataria.

— Satisfação mesmo é quando a vida não se acaba, uai!

Pedrão se aconchegou bem. Ela prosseguiu, contente:

— Hai pessoas que nem gravatá: só veve no chão duro... Pedrão, a gente deve de olhar o sol é no nascente! Noite só presta pra corujão piar de agouro, não é mesmo?

— Vote!

Lá se foram os dois, de fugida da noite, do pio de agouro dos corujões que teimam em infestar a vida de todo mundo e, quando não infestam, a lua vai pingando frio no arvoredo uma porção de asas de prata só para fingir de corujão...

— Escuta, negra dos olhos de prata, bala de Assuaruá é de prata também... Prata é a cor do luar banzeiro, é o escamado das águas do rio acima quando açoitadas pelo bochorno de abril, é a lombada dos peixes, o corrusco das estrelas onde ninguém alcança nem com a imaginação... — largou o rifle. Sem parar de todo, sempre enlaçado na cintura fina da mulata, largou pros à toa a parnaíba já sem préstimo. Depois, o cinturão pesado de bala. — Prata é o pingo d'água na quebrada da serra, é o pintado do meu cabelo no compasso do tempo... Prata, negra, é tudo aquilo que eu preciso de lhe dizer um dia... dia que Julinho voltar pra se rir também no manso da prata dos seus olhos...

— Uai, gente, sei disso não!

250

Depois da chuva caída, de madrugada, o Canet derrubou, no bambeio, a torre que Mané Quadrado nunca chegou a concluir. Depois foi a vez daquela onde morava o sininho. Rachou no pé. A racha foi subindo numa grimpação de escorrego quase em linha reta. Abriu barriga no meio, a torre engordou para os lados, arrebentou nos recheios e tombou tudo no chão.

Pó levantou que foi um mundo...

251

Restinho de jagunço espinoteado ainda metia sobrosso em Coxomongó.

Rompendo setembro, na galhardia do comando, só Norberto.

Agostinho ainda estava no santuário destruído.

De hoje, comida e bebida era bala nos cornos! Zé Nicolau, sangrando na volta do pescoço pela fraqueza do governo, verteu uma xícara de sangue e foi muita coisa.

252

Agostinho segurava dentro do templo. Ele e mais vinte e seis companheiros. Conselheiro morrendo, Maristela parada como se fosse de pau, e o sacristão, no lampejo de sua virilidade tardia, era tudo o que, de gente viva, restava em Canudos!

Isso, depois da limpeza que Macambira fez.

253

No dia 22 de setembro de 1897, Norberto matando soldado lá por fora, Taramela veio vindo e falou para Agostinho:

— Morreu!

Ficaram olhando para o corpo do santo, sumido no arco da rede.

Cavaram a cova dentro do resto de muro. Agostinho disse:

— Então, acabou! Taramela, proveita a escuridão de sem lua e abanca mais Maristela pra Uauá. Aqui, ninguém tem mais que zarazanzar...

Chamou os companheiros de labuta e foi saindo para topar com Norberto.

Nem se voltou.

Na rua, só mosca zunia na boca dos mortos...

254

Taramela e a moça se demoraram mais um pedacinho.

Não chegaram a ganhar distância: se acabaram entre as ruínas, no meio da praça, ao pé do cruzeiro enorme de cedro, torados de bala na cintura dos braços.

O toco apontava para o céu num orgulho de toda a vida!

Taramela ainda disse para ninguém escutar:

— No fim, a gente vive uma vida só, mas é tanta da morte...

255

Agostinho piou de longe, escondendo seus homens nas touceiras. Norberto respondeu.

Pio de chamada.

Pio de chegada.

O enteado de Pedrão foi contando da morte do santo:

— Agora, Canudo se acabou! Só resta nós cá de fora. Vamo fazê o quê?

— Pelejar!

Ainda eram cento e trinta e cinco ao todo.

À noite, só vinte e oito.

256

Finado Agostinho parava os olhos abertos mesmo no topo do Calumbi.
Era como se estivesse tomando distância de tiro.

257

Mesmo quando Norberto ficou sozinho com Geraldo, Antônio Fogueteiro e Nhô Marco, soldado não dormiu no sossego.
Ainda se deu muita baixa...

258

No rosado da manhã, lá embaixo, não se via nem mais uma casinha de pé. As duas igrejas, ruídas, eram como duas escaras no raspado do chão pardo.
Fogueiras ainda não extintas levantavam, numa preguiça, seus fios de fumo escuro, e o Vaza-Barris, já com uma aguinha de mijo, contornava de manso, indiferente, por trás do cemitério novo.
Nhô Marco foi a derradeira morte que se deu. No pé da noite, Geraldo tinha rolado com chumbo na barriga.

Então, Norberto, o último chefe daquela guerra desesperada, juntou todo o orgulho que lhe afogava as entranhas e disse para Antônio Fogueteiro:

— Canudo acabou! Nós se acabemo tudo... — Norberto parecia o toco do cruzeiro. Olhos mais enxutos do que xiquexique na queimada da seca. — Mas ninguém não conheceu esmago de pé do governo... Acabemo, mas foi dono de nós mesmo!

Os dois ficaram olhando sem ponto de esbarro.

— Tu ainda tem uma bala de rifle?

Fogueteiro não respondeu.

— Se ainda tivesse uma bala... ainda que fosse umazinha só..

259

Dentro das catanduvas silenciosas, a vegetação parda estrangulava um pezinho de alecrim, abraçando-o tenazmente, apenas para viver aquilo que é vida na caatinga bárbara.

Um teiú valente rolou de embolo com uma cascavel de todo o tamanho. O grito seco do lagarto se prolongando no chiado do guizo vitorioso encompridou longe o ódio que, afinal, é só o que governa aquilo que é vida na caatinga bárbara...

260

Alto da serra de Canabrava. Mannlicher a tiracolo, o menino foi se levantando aos poucos, escorado no costume da luta
De pé, fincou o olho no rumo do arraial.
Festa comia solta. Um mundão de soldado se esparramava na bebedeira dentro da rua.
Na reverberação que anuncia fim de seca, o olho prófugo, varado de fome, só enxergou foi gadaria pastando no verde grosso, regato escondido no doce da relva, plantação de dobrar mundo, prado alto tanto assim de capinzal do bom, do cabeludo, do gordura de folha comprida... Via era um dia longe como há de ser longe o dia de todos os filhos de Deus...
Quando a beleza se apagou nos ermos sem fim, Humberto falou para ele mesmo:
— Eta sina de vivente! Enquanto houver homem em riba da Terra, mesmo que seja só dois, um tem de matar, outro tem de morrer... Tesconjuro!

261

Na Ipueira do Boi, doze quilômetros de Uauá, cheia até os bordos com as águas das chuvas que caíam desde setembro, um carcará volteava atrás de dourado.
Outros voavam mais alto, prontos para a disputa da presa.
Um urubu, encolhido na galharia espessa, esperava muito pacientemente que a briga começasse para carregar o peixe.

SOBRE O AUTOR

João Felício dos Santos nasceu em Mendes (RJ), em 1911. Começou a escrever em 1938 e exerceu a profissão de jornalista por mais de quarenta anos.

Sobrinho do ilustre historiador Joaquim Felício dos Santos, o escritor é consagrado por seus romances históricos, nos quais retrata fases importantes do Brasil, como o ciclo minerador, a chegada da família real portuguesa, a Inconfidência Mineira, a Guerra dos Farrapos, e resgata personagens que se tornaram célebres — Xica da Silva, Carlota Joaquina, Aleijadinho, Anita Garibaldi, Calabar, entre outros. Suas biografias romanceadas apresentam uma linguagem acessível ao grande público, sem perder a excelência no que diz respeito ao rigor memoralístico. Por sua força expressiva, os livros *Xica da Silva*; *Carlota Joaquina*; *Ganga Zumba* (premiado pela Academia Brasileira de Letras) e *Cristo de Lama* foram adaptados para o cinema.

Também de autoria de João Felício dos Santos: *Ataíde, azul e vermelho*; *Major Calabar* e *João Abade*.

O autor faleceu em 13 de junho de 1989, no Rio de Janeiro.

Este livro foi impresso nas oficinas da
Distribuidora Record de Serviços de Imprensa S.A.
Rua Argentina, 171 – Rio de Janeiro, RJ
para a Editora José Olympio Ltda.
em maio de 2012

*

80º aniversário desta Casa de livros, fundada em 29.11.1931